KB247445

일본어가
술술 나오는
ぺらぺら
일본 여행

100배
mini 즐기기

일본어가
ぺらぺら
술술 나오는
일본 여행

RHK
알에이치코리아

목차

PART 1
여행 준비하기

PART 2
상황별 회화

❶ 출입국 가이드

❷ 공항에서 시내로

PART 3
기초 회화

PART 4
스피드 단어

일러두기

이 책에 실린 여행 정보는 2016년 7월에 업데이트 되었습니다. 정확한 정보를 싣기 위해 노력했지만 끊임없이 변하는 현지의 물가와 여행 정보에 변동 사항이 있을 수 있습니다. 책자를 이용하면서 불편한 점이나 잘못된 정보에 대한 의견은 아래 연락처로 제보 부탁드립니다.

알에이치코리아 편집부 02-6443-8930

본문 보는 방법

1 여행 준비하기

일본을 여행하기 전에 꼭 알아둬야 할 알짜배기 정보들만 쏙쏙 모았다. 한 달 전부터 미리 준비하는 일본 여행 플랜!

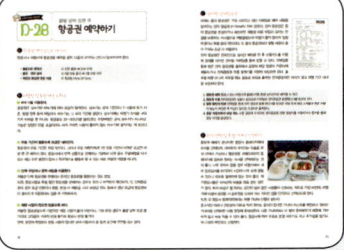

2 상황별 회화

일본 여행에 필요한 핵심 정보와 각 상황에서 사용하기에 좋은 회화를 소개한다.

이야기해보세요
여행하면서 겪을 수 있는 상황에 대한 필수 회화

활용 단어
다양한 상황에 대처할 수 있는 활용 단어

3 트러블 회화

각 상황별로 일어날 수 있는 트러블
에 대비한 회화를 소개한다.

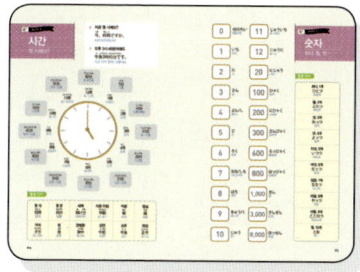

4 기초 회화

여행 전에 미리 알아두면 큰 도움이
되는 기초 회화를 모았다.

5 스피드 단어

ㄱ부터 ㅎ까지 사전 순서대로 나열
한 핵심 일본 단어 2000개.

일본 가기 전
여행 준비하기

해외여행의 성패는 얼마나 꼼꼼하고
철저하게 여행 준비를 했느냐에 달려 있다.
여권 만들기부터 항공권 구입,
여행 정보 수집,
짐 꾸리는 방법까지
일본 여행에 필요한 알짜배기 정보들만 쏙쏙 모았다.
한 달 전부터 미리 준비하는 일본 여행 플랜, 스타트!

얼마를 준비해야 할까?
여행 경비 예상하기

여행을 계획하면서 가장 먼저 생각해야 할 부분이 바로 경비 문제다. 금액을 어느 정도 예상해야 하는지, 어느 정도가 적당한지, 그 기준은 무엇인지 도통 감을 잡을 수 없으면 시작부터 난감해진다. 사실 예산은 사람마다 취향과 돈 씀씀이에 대한 편차가 있어 기준 금액을 딱 잘라 말하기는 어렵다. 본격적인 준비에 들어가기 전 차근차근 하나씩 따져보면서 경비가 대략 얼마나 지출될지 각자에게 맞는 여행 예산을 세워보자.

A 항공권

여행 준비물 중 가장 목돈이 들어가는 것은 항공권. 항공권은 10만 원대부터 최고 60만 원대까지 비수기 또는 성수기에 따라 값이 다르다. 지역이 어디인지, 유효 기간이 얼마짜리인지, 어떤 항공사를 이용하는지에 따라서도 값이 달라진다. 먼저 본인이 원하는 여행 날짜가 어느 시즌에 해당하는지 알아둘 필요가 있다.

- **성수기** 12~2월, 6~8월 중순
- **극성수기** 연휴 · 휴가철 · 연말연시 · 벚꽃 만개 · 단풍철 등 특별한 기간
- **비수기** 3~5월, 9~11월

B 여권

여권은 최소 6개월 이상의 유효 기간이 남아 있어야 하므로 유효 기간이 지났거나 여권이 없을 경우 예산(2만~5만3000원)에 포함해야 한다.

C 여행 경비

숙박비 여러 사람과 합숙하는 도미토리도 좋다면 1박에 2000엔 정도. 비즈니스호텔을 이용할 경우 7000엔 정도, 별 달린 특급 호텔에서 묵을 경우 최소한 2만 엔은 든다. 일본 전통 여관 료칸의 경우 시설에 따라 가격대가 천차만별. 어림잡아 2만5000엔 정도는 예상해야 한다.

교통비 튼튼한 다리로 부지런히 걸어 다니고, 잘 연결된 지하철로 이동한다면 시내 교통비는 하루 400~1000엔 정도면 충분하다. 일본은 택시비가 비싸므로 택시를 이용하면 교통비가 엄청나게 든다. 전철과 지하철이 잘 발달하여 있으니 부득이한 상황이 아니면 택시를 이용하지 않아야 여행 경비를 아낄 수 있다. 다양한 할인 패스를 사용하는 것도 교통비 절감에 도움이 되니 미리 알아보자.

식비 수시로 생수를 사 마시고, 틈틈이 군것질하는 것은 기본. 아침은 호텔에서, 점심은 길가 간이식당이나 현지인들이 즐겨 찾는 식당에서, 저녁은 이자카야에서 맛있는 일본 맥주를 마시며 식사를 즐긴다고 할 때 하루 5000엔 정도 예상해야 한다.

엔터테인먼트 비용 일본의 대표적인 명소를 돌아볼 계획이라면 유적지 입장료만 최소한 2000엔은 예상해야 한다.

합계
2박 3일 기준 최소 70만 원 + α

PREPARATION

해외에서의 신분증
여권 만들기

Ⓐ 준비 서류 체크

- ☐ 신분증 또는 운전면허증
- ☐ 여권용 컬러 사진 2매(3.5×4.5cm)
- ☐ 주민등록등본 1통
- ☐ 여권 발급 신청서
- ☐ 병역 관계 서류(병역 의무자에 한함)

- ☐ 여권 발급 수수료
  - – 10년 복수 여권 5만3000원
  - – 단수 여권 2만 원
  - – 유효 기간 연장 2만3000원

Ⓑ 여권 발급 신청 및 수령

여권의 종류에 따라 필요한 서류를 구비한 후 본인이 직접 가까운 구청이나 시청의 여권과로 가 신청하면 된다. 여권 발급 신청서는 각 여권과에 비치되어 있으며, 외교통상부 홈페이지에서 양식을 내려받아 미리 작성해 갈 수도 있다. 여권이 발급되기까지 보통 3~4일 정도 소요되고, 성수기에는 일주일 이상 걸리기도 한다. 수령할 때는 반드시 신분증을 지참할 것.

외교통상부 여권 안내 홈피 www.passport.go.kr

Ⓒ 여권 유효 기간 체크

지금 여권을 소지하고 있다면 다음 사항들을 한번 확인해보자. 혹시 유효 기간이 6개월 미만이라면 반드시 연장하거나 새로 발급받아야 한다. 만약 출발하는 날까지 확인하지 못했다가 공항에서 발견하게 되면 모든 여행 계획이 수포로 돌아가는 불상사가 발생한다.

여권 재발급이나 유효 기간 연장 등은 발급 기관에 따라 소요 시간이 다르지만, 일반적으로 일주일 정도 걸린다. 성수기에는 훨씬 많은 시간이 소요되니, 넉넉잡아 1개월 전부터 여권에 관련된 사항은 모두 확인하고 해결해두는 게 바람직하다.

Tip
군 미필자 여권 신청

병무청 홈페이지에서 신청서를 작성하면 되며 신청 2일 후 홈페이지에서 국외여행허가서와 국외여행가증명서를 출력할 수 있다. 본인이 원하는 경우 1년 단수 뿐 아니라 복수 여권 발급도 가능하여 매번 여권을 새로 만들어야 하는 번거로움도 없어졌다. 국외여행허가서는 여권 신청 시 제출하면 되고, 공항에서 출국할 때 공항 병무청 사무실에다가 국외여행 허가증명서를 제시한 후 출국 신고를 마치면 된다.

병무청
전화 1588~9090
홈피 www.mma.go.kr

출발 날짜 정한 후
항공권 예약하기

Ⓐ 항공권 예약 포인트 세 가지

항공사나 여행사에 항공권을 예약할 경우, 다음의 3가지는 반드시 알려주어야 한다.

• 출발지와 목적지	ⓔ 인천 출발 ➜ 도쿄 도착
• 출국 · 귀국 날짜	ⓔ 5월 10일 출국 ➜ 5월 21일 귀국
• 여권과 동일한 영문 이름	ⓔ 홍길동 Hong Gil Dong

Ⓑ 저렴한 항공권 예약 노하우

1 비수기를 이용한다.

항공권은 성수기와 비수기에 따라 요금이 달라진다. 성수기는 방학 기간이나 7~8월의 휴가 시즌, 명절 연휴 등이 해당하고 비수기는 그 외의 기간을 말한다. 성수기에는 비행기 좌석을 구하기가 어려울 뿐 아니라, 항공료도 20~50%가량 올라간다. 주말여행은 굳이 성수기가 아니어도 가능한 일정인 만큼, 조금이라도 싸게 가려면 사람이 몰리지 않는 비수기에 움직이는 게 최선이다.

2 유효 기간이 짧을수록 요금은 내려간다.

항공권의 유효 기간은 최장 1년이다. 그러나 주말 여행자에게 1년 유효 기간의 티켓은 요금만 비쌀 뿐 큰 매력이 없다. 항공사에서 반짝 상품으로 판매하는 7일짜리 티켓 등도 주말여행을 다녀오는 데는 아무 불편이 없으니 적극적으로 활용해 될 수 있는 대로 저렴한 여행을 떠나자.

3 단체 구입이나 깜짝 세일을 이용한다.

저렴한 단체 항공권을 판매하는 온라인 동호회를 활용하는 것도 방법. 또한, 항공사별로 특별 할인 항공권을 판매하는 경우도 있으니 부지런히 확인하자. 단, 단체항공권의 경우 요금 반환이나 환불, 분실 시 재발급, 사고 보상금 한도 등에서 정상 요금의 항공권보다 불리하게 적용된다는 점을 꼭 기억해두자.

4 제한 사항이 많으면 많을수록 싸다.

저렴한 항공권일수록 이런저런 제한 사항이 붙게 마련이다. 가장 흔한 경우가 출발 날짜 변경 불가이며 그다음이 귀국지 변경 불가와 항공사 변경 불가다. 만약, 일정이 확정되고 변동 사항이 없다면 굳이 이용하지 않을 옵션 조건에 연연할 필요는 없다.

C 편리한 전자항공권

이제는 종이 항공권은 거의 사라지고 대신 이메일로 예약 내용을 알려주는 전자 항공권 E-Ticket이 자리 잡았다. 전자 항공권은 종이 항공권을 분실하거나 훼손하면 재발행 비용 부담이 크다는 단점을 보완하는 시스템으로 재발급받는데 비용이 들지 않으며 일정 변경이나 환불 등이 편리하다. 또 종이 항공권보다 발행 비용이 줄어 가격도 조금 더 저렴하다.

전자 항공권은 온라인으로 실시간 예약을 한 후 신용카드를 이용해 결제를 마치면 곧바로 이메일을 통해 받을 수 있다. 이메일을 통해 받은 전자 항공권을 출력해서 공항의 해당 항공사 카운터에 제출하거나, 전자항공권 전용 발권기를 이용해 보딩하면 된다. 출국할 때뿐 아니라 귀국할 때도 필요로 하므로 출력한 전자항공권은 버리지 말고 여행 기간 내내 잘 보관해야 한다.

1. **항공권 예약** 항공사 또는 여행사의 홈페이지를 통해 실시간으로 예약할 수 있다.
2. **항공권 수령** 전자항공권은 실물이 없으므로 이메일로 전자항공권 발행확인서를 받으면 된다.
3. **발행 확인서 인쇄** 이메일을 통해 전자 항공권 발행 확인서를 받으면 제일 먼저 항공 스케줄과 영문 이름이 맞는지 확인한 후 이상이 없다면 프린트로 출력한다.
4. **공항 카운터에서 보딩 패스 수령** 공항에 도착하면 전자항공권 전용 발권기를 이용하거나 창구를 통해 항공 티켓을 발권한다.

D 좌석 선택 및 특별 기내식 신청하기

항공권 예매가 끝났다면 항공사 홈페이지에서 좌석을 선택하자. 대부분의 국적기는 무료로 좌석 선택이 가능하니 항공권을 구매하자마자 홈페이지에 접속해 원하는 좌석을 선택해두는 것이 좋다. 뒤쪽 자리에 앉을 경우 비행기에서 내려 입국심사를 하기까지 시간이 오래 걸릴 수 있으니 되도록 앞자리에 앉는 것이 좋다. 저가 항공사들은 좌석선택 비용을 따로 받는 경우가 많다. 특히 비상구 옆 자리는 공간이 넓어 많은 사람들이 선호하는 자리로 가장 비싼데, 비행기에 이상이 생겼을 시 승무원을 도와야 하는 자리인 점을 인지하고 선택하도록 한다.

또한, 각 항공사 홈페이지에서는 특별 기내식 신청도 받는다. 종교적인 이유나 건강상의 이유로 먹지 못하는 음식이 있을 시 기내식 리스트를 확인하고 원하는 기내식을 선택하면 비행 당일에 준비해준다. 다른 기내식보다 더 빨리 준비해주기 때문에 기다리지 않고 바로 먹을 수 있어 좋다. 항공사에 따라 무료로 변경 해주기도 하고 추가금을 받기도 하니 미리 확인하고 신청한다.

E 마일리지를 적립하자

한 항공사의 비행기로 일정 거리 이상을 여행하면 거리에 따라 마일리지가 적립되어 보너스 항공권을 받을 수 있다. 보너스 항공권은 공항세와 Tax만 본인이 부담하고 사용할 수 있으며, 좌석 업그레이드나 초과 수하물 요금 지불 등으로 전환해 사용할 수 있다.

또한, 가족 모두가 회원으로 가입되어 있으면 가족 간 마일리지 공유가 가능하다. 단, 탑승 전에 회원으로 가입되어 있어야만 마일리지를 적립할 수 있다. 그러니 아직 마일리지 카드가 없다면, 공항에 조금 일찍 도착해 해당 항공사 카운터에서 만들도록 하자. 즉석에서 발급과 적립을 할 수 있다.

항공사들은 제휴를 통해 마일리지를 공유하므로, 가능하다면 주로 이용하는 항공사가 같은 그룹인지 확인해서 한 군데로 마일리지를 모으는 것도 알뜰한 방법이다.

마일리지를 적립하는 항공사

스카이팀 Sky Team

대한항공, 아에로멕시코, 에어프랑스, 알이탈리아항공, 체코항공, 델타항공, KLM 네덜란드항공, 베트남항공, 에미레이트항공, 아에로플로트, 아르헨티나항공, 에어유로파, 중국국제항공, 중국동방항공, 중국남방항공, 가루다 인도네시아항공, 케냐항공, 중동항공, 사우디아 항공, 타롬 루마니아항공, 샤먼항공

홈피 www.skyteam.com/ko

스타얼라이언스 Star Alliance

아시아나항공, 에어캐나다, 에어뉴질랜드, 전일본공수, 오스트리안항공, LOT 폴란드항공, 루프트한자 독일항공, 스칸디나비아항공, 싱가포르항공, 타이항공, TAP 포르투갈항공, 유나이티드항공, 스위스항공, 사우스아프리칸에어웨이즈, 아드리아항공, 에게안항공, 중국국제항공, 인도항공, 아비앙카항공, 브뤼셀항공, 코파항공, 크로아티아항공, 이집트항공, 에티오피아항공, 에바항공, 심천항공, 터키항공

홈피 www.staralliance.com.ko

아시아마일즈 Asia Miles

중국동방항공, 중국국제항공, 에어링구스, 알래스카항공, 아메리칸항공, 영국항공, 캐세이퍼시픽, 드래곤에어, 핀에어, 걸프항공, 이베리아, 일본항공, 란칠레항공, 콴타스, 로열브루나이항공, 에어베를린, 에어 뉴질랜드, 방콕에어웨이, 제트 에어 웨이즈, 말레이시아항공, 카타르항공로열 요르단항공, S7항공, 스리랑카항공, TAM항공

홈피 www.asiamiles.com/kr

🅕 항공권 예약 시 미리 알아두어야 할 개인정보

1 영문 이름 여권에 기재된 이름과 반드시 동일해야 한다. 만약 여권을 만들기 전에 항공권부터 예약하는 경우라면 항공권 신청 시 기재한 영문 이름을 메모해뒀다가 여권을 신청할 때도 똑같은 이름을 사용해야 한다.

2 여권 번호와 여권의 유효기간 항공예약을 할 때는 일단 영문 이름만 알려줘도 예약이 가능하지만, 출발 전에 반드시 여권에 적혀있는 여권 번호와 여권의 유효기간을 여행사 직원에게 정확하게 알려줘야 한다. 만약 여권을 만들기 전에 항공권부터 예약하는 경우라면 일단 예약을 한 뒤에, 여권을 발급받은 후 여행사 직원에게 알려주면 된다. 여권이 없으면 항공권 예약이 불가능한 곳도 있으니 미리 확인할 것.

3 결제수단 항공권을 예약하고 나면 지정된 기한 내에 결제하고 발권을 받아야 한다. 이때 결제 수단을 미리 정해두는 것이 좋다. 현금 결제라면 여행사 직원의 안내에 따라 입금을 하면 되고, 신용카드를 사용하는 경우에는 카드번호와 카드 유효 기간을 알려주면 된다.

항공권 구입 후 체크 사항

☐ 비행기 편명	☐ 출발·도착 예정 시각
☐ 출발·도착 도시명	☐ 출발·도착 예정 날짜
☐ 여권에 기재된 영문 이름	☐ 성별이 동일한지 확인

🅖 예약부터 탑승까지 사용하는 항공 용어

가장 기본적이면서도 가장 흔하게 혼동하는 용어가 티케팅과 체크인이다. **티케팅** Ticketing(발권)은 말 그대로 항공권(티켓)을 발급받는 것이다. 이 항공권을 공항의 해당 항공사 카운터에 내면 **보딩 패스** Boarding Pass(탑승권)와 교환해주는데, 이를 **체크인** Check-in이라 한다.

항공권에는 이동 구간(예 : ICN 인천-NRT 도쿄 나리타)과 출발·도착 시각 등이 표시되어 있고, 보딩 패스에는 **게이트** Gate(비행기 탑승구)와 좌석 번호(Seat No.)가 기재된다. 게이트 앞에서 보딩 패스를 제시하면 잘라서 긴 쪽은 수거하고, 짧은 쪽은 승객에게 준다.

체크인할 때 **윈도 시트** Window Seat(창가 석)와 **아일 시트** Aisle Seat(통로 석) 중 원하는 좌석을 선택할 수 있다. 또 이때 짐을 부치면 해당 수하물에 **배기지 클레임 태그** Baggage Claim Tag(수하물표)를 붙인다. 목적지, 비행기 편명, 수하물 번호가 쓰여 있는 똑같은 태그를 보딩 패스에도 붙여준다. 탁송한 수하물이 없어질 경우 배기지 클레임 태그가 있어야만 짐을 찾을 수 있다.

항공권을 예약한 항공사와 실제 비행기를 운항하는 항공사가 다른 경우가 있다. 이 경우는 **코드 셰어** Code-Share(편명 공유)로 항공사 간에 좌석을 공유하는 제도다. 예를 들어, 아시아나항공이 ANA항공과 코드셰어 한다면, 승객은 아시아나항공으로 예약하고 마일리지 누적 등 모든 혜택을 받지만, 실제 비행기는 ANA항공을 이용하게 되는 것이다.

PNR(Personal Name Record 항공 예약 번호)은 승객의 이름, 일정 등이 기록된 파일의 고유번호다. 함께 예약한 일행도 모두 한 PNR에 묶이며, 예약을 변경해도 PNR은 바뀌지 않는다. 귀국 항공편 리컨펌이나 예약 변경 시 PNR을 불러주면 빨리 진행된다.

PREPARATION

D-14

일본에서 걱정 없이 인터넷 사용!
포켓 와이파이 신청하기

Ⓐ 포켓 와이파이란?

핸드폰보다 작은 크기의 기기로 일본 이동통신사의 3G/4G 신호를 와이파이 신호로 변경해주는 데이터로밍 서비스다. 최근에는 대부분의 업체가 4G 신호를 이용하는 기기를 대여하고 있어 3G를 사용하는 스마트폰 해외 데이터로밍 서비스보다 속도가 빨라 인기다. 또 기본 사용료가 저렴하며 기기 하나당 최대 10명까지 동시에 이용 가능해 장기간 여행 시에도 비용의 부담 없이 사용할 수 있다. 하지만 항상 기기를 충전해서 가지고 다녀야 하며 분실하거나 파손 시 위약금이 비싸다는 단점이 있으니 충분이 고민하고 선택하자.

Ⓑ 업체 고르기

업체별로 비용과 대여·수령 방법, 분실 시 위약금이 다르므로 꼼꼼히 확인한 후 고른다. 하단의 요금은 부가세가 포함되지 않았으니 참고한다.

와이드모바일

국내 최대 포켓 와이파이 대여 업체. 대여 장소에 남는 기기가 있을 경우 당일 신청도 가능하다.
- **임대료** : 6700원/일(6일째부터 4690원/일)
- **3G/4G** : 4G LTE
- **위약금** : 분실 시 20만 원, 파손 시 12만2500원
- **수령처** : 전국 주요 공항 및 항만

글로벌와이파이

출국 이틀 전까지(영업일 기준) 신청할 수 있다.
- **임대료** : 7000원/일
- **3G/4G** : 4G LTE
- **위약금** : 분실 시 40만 원(안심보상 라이트 1400원/일 가입 시 8만 원)
- **수령처** : 전국 주요 공항 및 항만, 일본 주요 공항

PREPARATION
D-10

여행에 필요한
서류 만들기

Ⓐ 여행자보험

여행사의 주말여행 상품을 신청했다면 대부분 상품 요금에 여행자보험이 포함되어 있다. 개인적으로 항공권을 구입했다면 아무리 짧은 일정의 여행이라도 만약을 대비해 여행자보험에 가입하는 것이 좋다. 여행 중 소지품을 분실하거나 상해를 입었을 경우에도 혜택을 받을 수 있기 때문이다.

트래블로버
홈피 www.travelover.co.kr
전화 1644-5544
보험료 보상 한도액에 따라 2000~1만5000원(3일 기준)
특징 지진 · 해일 등 천재지변으로 생긴 상해도 보상받을 수 있다.

Ⓑ 국제학생증

국제학생증을 소지하였을 경우 유적지와 박물관 등을 입장할 때 할인 혜택을 받을 수 있다. 단, 모든 곳에 100% 적용되는 것은 아니니 미리 확인하는 것이 좋다. 국제학생증 사이트에 들어가면 나라별 할인 혜택을 확인할 수 있다.

한국 국제학생교류회
홈피 www.isic.co.kr
전화 02-733-9393
준비 서류 증명사진 2장, 국내 학생증
수수료 1만7000원(유효기간 1년)

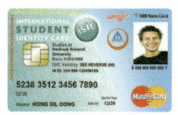

Ⓒ 유스호스텔회원증

유스호스텔에 머물 경우, 회원증을 제시하면 10% 내외의 할인을 받을 수 있다. 하지만 다른 곳에서 머물 예정이라면 굳이 회원증을 만들 필요는 없다. 유스호스텔 홈페이지(www.hihostels.com)를 통해 전 세계 유스호스텔 예약이 실시간으로 가능하다. 일반 유스호스텔은 1000엔 추가, 공용 유스호스텔은 회원, 비회원 동일하다.

한국유스호스텔연맹
홈피 www.kyha.or.kr
전화 02-725-3031
준비 서류 사진 2장, 신분증
수수료 만 30세 이상 3만3000원, 만 29세 이하 2만2000원(유효기간 1년)

D-05

여유 있게 미리 하는
면세점 쇼핑

Ⓐ 도심 면세점 이용하기

면세점은 관세가 면제되어 저렴하게 쇼핑할 수 있어
좋다. 여유 시간이 있다면 출국 시각에 쫓겨 허둥지둥
쇼핑하는 것보다 미리 도심 면세점을 이용하는 것이
좋다.

면세점은 출국이 확정된 사람만이 이용할 수 있는
데, 비행기 편명과 출발 시각을 알고 있다면 출국
일 한 달 전부터 하루 전까지 항공권 없이도 1인당
US$3000까지 물품 구입이 가능하다.

도심 면세점에서 구입한 물품은 그 자리에서 수령하는 것이 아니라 물품을 구입하고 결제한 뒤,
출국 시 공항에서 물품 교환증과 여권을 제시하고 찾을 수 있다. 이때 구매자와 출국자는 반드시
동일인이어야 한다. 만약, 비행기 편명과 출국 날짜 등이 변경되었을 경우에는 출국 시각 6시간
전까지 보세 상품 운송실로 연락해야 한다. 주의할 점은 귀국할 때는 한국 면세점으로 들어갈 수
없으므로 반드시 출국할 때 물건을 찾아야 한다는 것.

> 동화 면세점 주소 서울특별시 종로구 세종로 광화문 빌딩 211 전화 02-399-3000
> 롯데호텔 면세점 주소 서울특별시 중구 소공동 1 롯데백화점 본점 전화 02-759-8360
> 신라 면세점 주소 서울특별시 중구 장충동 2가 202 전화 02-2230-3662
> 신세계 면세점 주소 서울특별시 중구 충무로1가 54 전화 1661-8778
> 두타 면세점 주소 서울특별시 중구 을지로6가 18-12 전화 1833-8800

Ⓑ 온라인 면세점 이용하기

공항과 시내의 면세점 영업시간이 오후 9시까지지만, 온라인 면세점은 24시간 쇼핑할 수 있다는
것이 특징. 무엇보다 여행 준비에 바빠 시간이 없는 사람에게 매우 유용하다. 또 공항과 시내 면
세점은 공식적인 세일이 없는 반면, 온라인 면세점은 다양한 세일과 이벤트가 있어 훨씬 저렴하
게 물건을 살 수 있다.

면세점마다 온라인 면세점을 운영하고 있으며 회원 가입 후 여권 번호와 출국 날짜, 비행기 편명
을 기입하면 쇼핑이 가능하다. 구입한 물품은 출국 시 물품 찾는 구역에서 찾으면 된다.

> 롯데면세점 홈피 www.lottedfs.com   신라면세점 홈피 www.dfsshilla.com
> 신세계면세점 홈피 www.ssgdfs.com   동화면세점 홈피 www.dutyfree24.com

PREPARATION D-03

필요한 물건만 쏙쏙~
짐 꾸리기

배낭? 트렁크?

주말여행이라면 가방이 클 필요가 없다. 24L 이하의 작은 가방만 있어도 여행에 무리가 없다. 언제든 민첩하게 어깨에 메고 돌아다닐 수 있는 배낭도 좋고, 도로 사정이 좋은 일본에서는 바퀴 달린 트렁크 가방도 편리하다. 단, 짐을 꾸릴 때 배낭이든 트렁크든 여행 중 구입하게 될 선물을 넣을 수 있도록 최소한 3분의 1은 비워두도록 하자.

차림

세로로 긴 섬나라로 지역별 기온차가 큰 편이다. 하지만 가장 많이 가는 도쿄와 오사카, 후쿠오카는 우리나라와 비슷하며 그 외 지역도 북쪽으로 갈수록 좀 더 춥고 남쪽으로 갈수록 좀 더 덥다는 것 외에 큰 차이는 없다.

준비물 중에서 옷은 부피를 가장 많이 차지하기 때문에 최대한 가뿐하게 꾸리는 게 요령이다. 입고 가는 외에 여분으로 한 벌씩 더 준비하면 무난하다.

가져가면 좋은 것들

☐ **세면도구 · 개인용품**
유스호스텔을 제외한 호텔이나 민박에서는 세면도구가 기본적으로 제공되지만, 취향에 따라 준비해도 무방. 스킨, 로션 등도 물론 준비하자.

☐ **비상약**
소화제, 지사제, 일회용 밴드 등 위급 상황 시 필요하다. 현재 복용하고 있는 약이 있다면 역시 챙길 것.

☐ **모자 · 선글라스**
여름철 여행에 필수. 선크림을 챙겨 가는 것도 좋다.

☐ **우산**
여름철 여행에 필수. 양산으로도 사용할 수 있다.

☐ **신용카드**
해외에서도 쓸 수 있는 신용카드를 가져가도록 한다(VISA · Master · JCB 등).

☐ **수영복**
수영장이 있는 고급 호텔에서 묵게 될 경우 지참하면 좋다.

☐ **카메라**
충전기와 충분한 저장 공간도 다시 한 번 확인할 것.

☐ **맥가이버 칼**
과일 먹을 때 등 유용하게 쓸 수 있다. 단, 기내로 반입이 불가능하니 꼭 수하물에 넣어 부칠 것.

PREPARATION

D-01

이제 출발!
최종 점검

반드시 가져가야 할 것

☐ **여권**
외국에서 신분 증명은 물론 입·출국할 때 반드시 필요하다.

☐ **E-ticket**
E-ticket이 상용화 되며 여권만 있어도 보딩패스를 받을 수 있게 되었지만 간혹 입국심사 등에서 요구하는 경우가 있으니 소지하고 있도록 한다.

☐ **서류**
여권 복사본, 예약한 호텔의 바우처 등은 꼭 챙기자.

☐ **어댑터**
220V의 코드를 110V로 바꿔준다. 이 코드만 바꿔도 한국의 가전기기들은 문제없이 사용할 수 있다.

☐ **휴대용 배터리**
하나 챙기면 핸드폰도 충전할 수 있고 포켓 와이파이 등 다른 전자기기도 충전이 가능해 편리하다.

☐ **충전기**
핸드폰 충전기, 카메라 충전기 등은 잊지 말고 꼭 챙길 것.

☐ **엔화**

사용할 만큼만 엔화로 환전해서 가지고 다닌다.

☐ **원화**

가끔 예상치 못한 지출로 엔화가 부족할 때가 있는데, 이때 원화를 챙겨 가면 현지에서 환전해 쓸 수 있다.

☐ **필기도구**

여러 가지 입국 관련 서류를 작성하거나 여행지에서 메모할 일이 있을 때 꼭 필요하다.

☐ **편한 신발**

신발은 반드시 발이 편한 것으로 가지고 간다. 만일 꾸미고 갈 자리가 있다면 접을 수 있는 플랫슈즈를 따로 챙기고 가는 것도 괜찮다.

☐ **동전지갑**

일본은 동전의 화폐 단위가 커서 사용을 자주 하게 되고, 남겨 오면 환전이 불가능 하기 때문에 전부 사용하는 것이 좋다. 동전을 알차게 사용할 수 있도록 동전지갑을 활용하면 도움이 된다.

☐ **보조 가방**

여행지에 가면 관광 관련 팸플릿이나 열차 패스 등 챙겨야할 것들이 많아 여행가방 하나 만으로는 깔끔하게 정리하며 들고 다니기 쉽지 않다. 이때 작은 보조 가방이 있으면 편리하다.

일본에서 바로 쓰는
상황별 회화

일본 여행에 필요한 실속 있는 핵심 정보와
각 상황에서 사용하기에 좋은 회화를 소개한다.
공항에서, 숙소에서, 맛집에서, 쇼핑센터에서…
그 어떤 상황에서도 겁먹지 않고
말문이 술술 열리니 일본 여행이 한결 즐거워진다.
문제 상황에서 효과적으로 대처하는
트러블 회화까지 꼼꼼하게 담았다.

일본 여행의 첫 걸음은 비행기 타기에서 시작한다. 까다로운 출국 절차, 말이 안 통해 낯설기만 한 일본 공항에서의 귀국 절차도 두려워하지 말자. 알고 보면 버스 타기만큼이나 쉽다. 일본 출입국 카드 쓰기부터 환전, 인포메이션 센터 활용 방법까지 출입국 정보를 모두 모았다.

일본에서 바로 쓰는

상황별 회화 1

출입국 가이드

입국 심사
편의시설 활용법
일본 공항 출국
트러블 회화

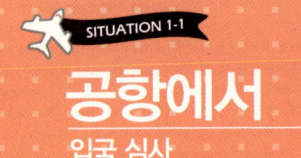

SITUATION 1-1

공항에서
입국 심사

드디어 일본 도착 공항에 내리면 첫 번째 관문인 입국 심사가 기다리고 있다. 일본 여행을 자주 다니는 사람이든 처음 간 사람이든 항상 긴장할 수밖에 없는 순간이다. 외국인 전용 줄에 서서 여권을 케이스에서 빼고 출입국 카드에 공란이 없는 지 확인하자. 이 두 가지만 잘 챙겼다면 준비 끝.

Step 1 | 일본 공항 입국 절차

일본 공항의 입국 심사는 까다롭지 않지만 입국자가 많은 공항은 대기시간이 길 때가 많다.

공항 도착 ▶ 입국 신고 ▶ 짐 찾기 ▶ 세관 ▶ 세관 공무원에게 여권 제출 ▶ 소지품 검사 ▶ 출구

여권과 입국 신고서를 제출한다. 귀국 항공권을 보여달라고 하거나 입국 목적이나 체류지와 호텔 이름 등을 물어보기도 한다.

신고할 내용이 없으면 그린 라인 출구로 나가면 된다.

일본 입국 시 면세 범위
주류 750ml 이하 3병
담배 4보루
향수 2온스
그 외 물품 20만 엔 이내(해외시가 합계액)

Step 2 | 일본 출입국 카드 작성

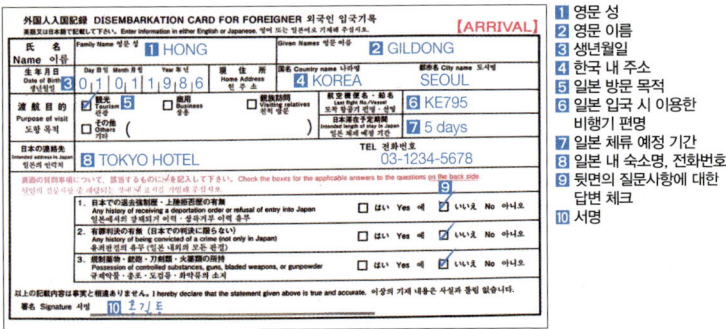

1 영문 성
2 영문 이름
3 생년월일
4 한국 내 주소
5 일본 방문 목적
6 일본 입국 시 이용한 비행기 편명
7 일본 체류 예정 기간
8 일본 내 숙소명, 전화번호
9 뒷면의 질문사항에 대한 답변 체크
10 서명

> **Tip**
>
> **출입국 카드 작성 시 주의 사항**
>
> 출입국카드와 휴대품신고서는 영어나 일본어로 기재해야 하며, 모든 빈칸은 반드시 채우고 여권에 기재된 것과 동일한 영어 이름·사인을 사용해야 한다. 일본의 연락처 란에 호텔에 묵을 경우 세부 주소까지 모두 적을 필요는 없고 호텔 이름과 전화번호만 정확하게 적으면 된다. 만약 일본에 있는 친척이나 친구 집에서 숙박할 계획이라도 가이드북에 소개되어 있는 적당한 호텔 이름과 전화번호를 적는 것이 좋다. 체류지가 불분명하면 질문 공세에 시달리고, 운이 없으면 입국을 거절당할 수도 있다.

입국 목적을 물을 때

A 입국 목적은 뭔가요?
入国の目的は何ですか。
뉴―코쿠노 모쿠테키와 난데스까

B 관광입니다.
観光です。
캉코―데스

비즈니스	일
ビジネス	仕事
비지네스	시고토
유학	친척 방문
留学	親族訪問
류―가쿠	신조쿠호―몽

숙박장소를 물을 때

A 숙박 장소는 어디죠?
宿泊先はどこですか。
슈쿠하쿠사키와 도코데스까

B ○○호텔 입니다.
○○ホテルです。
○○호테루데스

여관	친구 집
旅館	友達の家
료캉	토모다치노 이에
학교 기숙사	유스호스텔
学校の寮	ユースホステル
각코―노 료―	유―스호스테루

방문 경험을 물을 때

A 일본은 처음인가요?
日本は初めてですか。
니홍와 하지메떼데스까

B 예, 처음이에요.
はい、初めてです。
하이 하지메떼데스

B₁ 아니요, 두 번째예요.
いいえ、二回目です。
이―에 니까이메데스

B₂ 아니요, 자주 와요.
いいえ、よく来ます。
이―에 요쿠 키마스

체류 기간을 물을 때

A 체류 기간은 며칠인가요?
滞在期間は何日ですか。
타이자이키캉와 난니치데스까

B 일주일입니다.
一週間です。
잇슈―캉데스

3일	4일	한 달
三日	四日	一ヶ月
밋카	욧카	잇카게츠

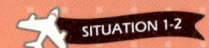

공항 정보
편의시설 활용법

일본에 도착해 공항에서 문제가 생겼거나 궁금한 점이 있으면 인포메이션 센터를 찾아가 도움을 청한다. 보통 도착층 로비에 인포메이션 센터가 있으며 새벽부터 밤늦은 시간까지 운영한다.

Step 1 공항 인포메이션 이용하기

공항에 위치한 인포메이션 센터를 잘 활용하면 여행이 훨씬 쉬워진다. 일본 여행객을 위한 관광 안내 인포메이션 센터를 찾으면 지도와 각종 여행 정보를 얻을 수 있다.

공항에 따라서는 DVD와 비디오카메라를 대여하는 곳도 있고 치과와 미용실, 세탁소, 탈의실 등의 다양한 편의 시설이 모두 갖춰져 있기도 하다. 인터넷과 무선 랜을 사용할 수 있는 공간과 복사와 팩스 업무를 볼 수 있는 비즈니스 센터가 있는 곳도 있으니 잘 알아보고 활용하자. 각 공항 홈페이지는 한국어 지원 서비스를 운영하고 있다.

Step 2 일본에서 환전하기

환전은 한국 공항이나 일본 공항 어디에서 해도 상관없다. 하지만 공항은 수수료가 비싼 편이므로 웬만하면 사전에 주거래 은행이나 인터넷 환전 서비스를 이용하고 공항 환전센터는 급할 때만 이용하도록 한다. 일본 공항의 환전 카운터는 비행기 운항 시간에 맞춰 운영하기 때문에 밤늦게 도착해도 걱정 없다.

일본 화폐의 종류
동전 1 · 5 · 50 · 100 · 500엔
지폐 1000 · 2000(거의 안 쓰임) · 5000 · 1만 엔

Tip
핸드폰 로밍하기

대부분의 스마트폰은 자동 로밍이 가능하지만 가끔 자동 로밍이 불가능한 기종이 있으니 이용하고 있는 통신사에 미리 전화해서 문의해 보는 것이 좋다. 만일 로밍폰을 이용할 계획이라면 일본 공항이 아닌 한국 공항에서 신청해야 한다. 로밍 카운터는 모든 공항에서 연중무휴, 24시간 운영된다.

고객센터 전화번호
KT 100번 SK브로드밴드 106번 LG유플러스 101번

인포메이션 센터에서

A 한국어로 된 관광지도 있나요?
韓国語の観光地図はありますか。
かんこくご　かんこうちず
캉코쿠고노 캉코―치즈와 아리마스까

B 예, 있습니다.
はい、ございます。
하이 고자이마스

A 여기에서 호텔 예약을 할 수 있나요?
ここでホテルの予約ができますか。
よやく
코코데 호테루노 요야쿠가 데키마스까

B 예, 어떤 호텔을 찾으시나요?
はい、どのようなホテルをお探しですか。
さが
하이 도노요―나 호테루오 오사가시데스까

♦ 리무진 버스티켓은 어디에서 살 수 있나요?
リムジンバスのチケットはどこで買えますか。
か
리무진바스노 치켓또와 도코데 카에마스까

♦ 전철은 어디에서 타요?
電車の乗り場はどこですか。
でんしゃ　のば
덴샤노 노리바와 도코데스까

환전소에서

A 환전은 어떻게 하시겠습니까?
両替はどのようになさいますか。
りょうがえ
료―가에와 도노요―니 나사이마스까

B 5000엔짜리 4장하고 나머지는 1000엔짜리로 부탁해요.
五千円4枚と残りは千円でお願いします。
ごせんえん　まい　のこ　　せんえん　　ねが
고셍엔 욤마이또 노코리와 셍엔데 오네가이시마스

観光パンフレット
かんこう
캉코―팜후렛또

전철 노선도
電車の路線図
でんしゃ　ろせんず
덴샤노 로센즈

JR 보통 열차
JR線
せん
제―아루센

지하철
地下鉄
ちかてつ
치카테츠

버스
バス
바스

택시
タクシー
타쿠시―

100엔	500엔
ひゃくえん	ごひゃくえん
百円	五百円
햐쿠엥	고햐쿠엥

2000엔	1만 엔
にせんえん	いちまんえん
二千円	一万円
니셍엥	이치망엥

~엔 동전	환율
えんだま	かわせ
~円玉	為替レート
엔 다마	카와세 레―토

귀국하기
일본 공항 출국

공항에 도착해 '출발 로비'라는 표지판을 따라가면 출국장으로 이어진다. 큰 공항일수록 항공사 카운터도 많고 대기 인원도 많으니 체크인 시간과 출국장 이동 시간을 고려해 늦지 않도록 도착하자.

Step 1 항공권 예약 변경하는 방법

귀국 일정에 변동이 생겼을 때 항공권 예약을 변경해야 한다. 해당 항공사에 전화해 해당 항공편을 취소하고 새롭게 예약한다. 여행할 때는 항상 변수가 생길 수 있으므로 항공권 구입 시 예약을 변경할 수 있는지 미리 확인할 것.

항공사마다 변경 횟수가 다른데 대부분의 저가항공사는 변경이 불가능하며 일본항공이나 전일본항공은 1회에 한해, 대한항공의 경우 횟수에 상관없이 예약을 변경할 수 있다. 할인 항공의 경우 예약 변경이 불가능하거나 따로 수수료를 지불해야 하는 곳도 있으니 사전에 확인하는 것이 필수.

Step 2 일본 공항 출국 절차

공항 도착 ▶	체크인 ▶	출국장 이동 ▶	출국 심사 ▶	비행기 탑승
국제선 터미널에서 내린다.	항공사 카운터에 가서 항공권과 여권을 보여주고 탑승권을 받는다. 무거운 짐이 있다면 여기서 부친다.	출국장으로 간다. 출국장으로 나가면 우리나라처럼 바로 검역을 한다.	출국 심사대로 이동해 항공권과 여권, 입국 시 작성한 출국 카드를 보여준다.	면세점 쇼핑 등으로 시간을 보내다 보딩 타임이 되면 탑승 게이트를 찾아서 탑승권을 주고 비행기에 오른다.

Tip 국내 항공사 일본 지점 & 일본 항공사 전화번호

대한항공 06-6264-3311 | 아시아나항공 03-5812-6600 | 제주항공 0570-001-132 | 이스타항공 050-5520-6712 | 진에어 +82-1600-6200 | 티웨이 +82-1688-8686 | 일본항공 0570-025-121 | 전일본공수 0120-029-082

예약 변경하기

A 출발을 되도록 늦추고 싶은데요.
出発をできるだけ遅らせたいんですが。
しゅっぱつ　　　　　　　おく
슛빠츠오 데키루다케 오쿠라세따인데스가

B 오전 9시와 오후 3시에 빈자리가 있습니다만.
午前9時と午後3時に空席がございます
ごぜん くじ　 ごご さんじ　 くうせき
が。
고젠 쿠지또 고고 산지니 쿠ー세키가 고자이마스가

A 저녁 6시나 7시 비행기편은 없나요?
夕方6時か7時の便はありませんか。
ゆうがた ろくじ　 しちじ　 びん
유ー가타 로쿠지까 시치지노 빙와 아리마셍까

B 공교롭게도 만석입니다.
あいにく満席でございます。
まんせき
아이니쿠 만세키데고자이마스

A 그럼, 대기자 명단에 올려주세요.
では、キャンセル待ちでお願いします。
ま　　　 ねが
데와 칸세루마치데 오네가이시마스

◆ 예약 확인 / 취소 / 변경을 부탁합니다.
予約の確認/キャンセル/変更をお願いします。
よ やく　 かくにん　　　　　　 へんこう　 ねが
요야쿠노 카쿠닝/칸세루/헹코ー오 오네가이시마스

탑승 수속하기

A 맡기실 짐은 있습니까?
お預けになる荷物はございますか。
あず　　　　 にもつ
오아즈케니 나루 니모츠와 고자이마스까

B 가방 한 개, 부탁해요.
バッグを一つお願いします。
ひと　 ねが
박구오 히토츠 오네가이시마스

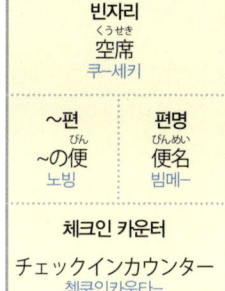

빈자리 空席 くうせき 쿠ー세키	
~편 ~の便 びん 노빙	편명 便名 びんめい 빔메ー
체크인 카운터 チェックインカウンター 첵쿠인카운타ー	

좌석 座席 ざせき 자세키
통로 通路側 つう ろ がわ 츠ー로가와
창가 窓側 まどがわ 마도가와
기내용 짐 機内持ち込み き ない も こ 키나이모치코미
출발 로비 出発ロビー しゅっぱつ 슙파츠로비ー
탑승 게이트 搭乗ゲート とうじょう 토ー죠ー게ー토

트러블 회화

➕ 비행기에 여권을 두고 내렸을 때

A 비행기 안에 여권을 두고 내렸어요.

飛行機の中にパスポートを置き忘れてしまいました。

히코-키노 나카니 파스포-토오 오키와스레떼 시마이마시따

B 바로 확인할 테니, 잠시 기다려주십시오.

すぐ確認いたしますので、少々お待ちください。

스구 카쿠닌이타시마스노데 쇼-쇼- 오마치쿠다사이

➕ 공항에서 가방이 안 나왔을 때

A 여행 가방이 안 나오네요.

スーツケースが出てこないんですが。

스-츠케-스가 데떼 코나인데스가

B 편명은 뭐죠? 어떤 가방인가요?

便名は何ですか。どんなカバンですか。

빔메-와 난데스까 돈나 카방데스까

A ○○항공 ○○○편이요. 초록색 가방이고 이름이 쓰여 있어요.

○○航空の○○○便です。グリーンのカバンで名前が書いてあります。

○○코-쿠-노 ○○○빈데스 그린노 카방데 나마에가 카이떼 아리마스

➕ 세관 검사

A 이건 면세 범위를 넘어서 과세됩니다.

これは免税範囲を超えていますので、課税の対象となります。

코레와 멘제-항이오 코에떼이마스노데 카제-노 타이쇼-또 나리마스

B 세금은 얼마가 되나요?

税金はいくらですか。

제-킹와 이쿠라데스까

❖ 사람을 찾을 때

A 여행사 직원이 안 나왔는데요.
旅行会社の人が来ていないんですが。
로코-가이샤노 히토가 키떼 이나인데스가

B 안내방송을 할 테니 잠시 기다려주세요.
案内放送をしますので、少々お待ちください。
안나이호-소-오 시마스노데 쇼-쇼- 오마치쿠다사이

❖ 환전할 때

A 계산이 틀린 거 아닌가요? 확인해주세요.
計算が間違っていませんか。確認してください。
케-상가 마치갓떼 이마셍까 카쿠닌시떼 쿠다사이

B 죄송합니다. 바로 확인해드리겠습니다.
申し訳ございません。すぐ確認いたします。
모-시와케고자이마셍 스구 카쿠닌이타시마스

❖ 비행기 예약이 안 되어 있을 때

A 예약이 안 되어 있네요.
ご予約がございませんが。
고요야쿠가 고자이마셍가

B 한국에서 예약했는데, 다시 한 번 확인해주세요.
韓国で予約したんですが、もう一度確認してください。
캉코쿠데 요야쿠시딴데스가 모-이치도 카쿠닌시떼 쿠다사이

❖ 비행기를 놓쳤을 때

A 비행기를 놓쳤는데요, 다음 비행기편에 자리가 있을까요?
乗り遅れたんですが、次の便は席がありますか。
노리오쿠레딴데스가 츠기노 빙와 세키가 아리마스까

B 대기자 명단에 올릴 건데 괜찮으신가요?
キャンセル待ちになりますが、よろしいでしょうか。
캰세루마치니 나리마스가 요로시-데쇼-까

공항에 내려 시내로 이동하기까지 낯선 교통 체계 때문에 다소 어리벙벙해질 수도 있다. 복잡한 시내 교통은 여행자들에게 막연한 불안감을 준다. 그렇다고 택시를 잡아탔다가는 어마어마한 요금에 큰코다칠 수 있으니 주의할 것! 전철과 지하철 노선이 잘 발달되어 있고 상대적으로 요금도 저렴하니 택시보다는 전철이나 버스를 이용하자.

일본에서 바로 쓰는
상황별 회화 2
공항에서 시내로

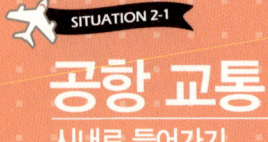

SITUATION 2-1

공항 교통
시내로 들어가기

무사히 일본에 도착했다면 시내로 들어가자. 일본은 교통 요금이 비싸다는 것을 미리 알아둘 것. 섣불리 택시를 탔다가는 기본료 약 700엔부터 시작해 눈 깜짝할 새 훌쩍 올라가는 미터 요금에 심장이 철렁 내려앉는다. 공항에서 시내로 진입할 때는 전철이나 리무진 버스를 이용하자. 짐이 많은 여행자라면 호텔 바로 앞까지 가는 리무진 버스를 이용하면 편리하다.

Step 1 전철

대부분의 일본 공항들은 전철을 이용해 시내로 이동할 수 있다. 이 방법이 가장 간편하며 저렴하지만 짐이 많은 경우에는 체력소모가 클 수 있다. 전철은 이른 새벽부터 자정을 넘겨서까지 운행하는데, 밤 비행기를 이용해 일본에 갈 경우 사전에 이용 예정 공항의 홈페이지에서 막차 시간을 확인해 두어야 공항에서 밤을 지새우거나 급작스럽게 택시를 이용하게 되어 예상치 못한 큰 지출을 하게 되는 것을 막을 수 있다. 이때, 입국 심사와 짐을 찾는데 걸리는 시간, 후쿠오카 공항이나 삿포로의 신치토세 공항 등은 국내선 터미널까지 이동해야만 전철을 이용할 수 있으니 이동 시간까지 고려해서 확인해야 한다.

Step 2 리무진

짐이 많거나 대형 호텔에 투숙할 예정이라면 리무진을 추천한다. 대형 호텔의 경우 호텔 바로 앞까지 리무진이 운행되는 경우가 많아 타고 내리는 것이 복잡한 전철보다 조금 비싸도 리무진을 이용하는 것이 편하다. 리무진 노선도와 운행 시간표는 각 공항 홈페이지에서 확인할 수 있다.

Step 3 택시

짐이 많거나 컨디션이 좋지 않을 때 등 불가피한 상황일 때는 택시를 이용한다. 일본은 어떤 지역이든 택시 기본료가 700엔 정도로 비싸며 미터기를 사용하는데 길이 막히지 않을 경우 15분만 타더라도 금세 2500엔을 넘긴다. 따라서 항공권을 구매할 때 전철 혹은 리무진을 타러 가기까지의 시간이 충분한지 고려하는 것이 좋다. 만일 항공사의 사정으로 비행이 연착되었을 경우에는 항공사 측에서 택시비를 지원해주기도 한다.

리무진버스를 탈때

A 리무진 버스는 어디에서 타요?

リムジンバスの乗り場はどこですか。

리무진바스노 노리바와 도코데스까

B 5번 승강장에서 출발합니다.

5番乗り場から出ます。

고방 노리바까라 데마스

몇 장 何枚 남마이	2장 二枚 니마이
3장 三枚 삼마이	4장 四枚 욘마이
편도 片道 카타미치	왕복 往復 오-후쿠

◆ 신주쿠역까지 1장 주세요.

新宿駅まで1枚お願いします。

신쥬쿠에키마데 이치마이 오네가이시마스

◆ 2시 출발 버스, 괜찮으신가요? 3000엔입니다.

2時発のバスでよろしいでしょうか。3000円でございます。

니지하츠노 바스데 요로시-데쇼-까 산젠엔데 고자이마스

◆ 짐을 맡기고 싶은데요.

荷物を預けたいんですが。

니모츠오 아즈케따인데스가

◆ 깨지는 물건은 없으신가요?

壊れ物はございませんか。

코와레모노와 고자이마셍까

◆ 이것이 교환권입니다. 도착하면 (짐을) 찾아주세요.

こちらが引換券です。到着したら受け取ってください。

코치라가 히키카에켄데스 토-챠쿠시따라 우케톳떼 쿠다사이

◆ 흡연석과 금연석이 있습니다만.

喫煙席と禁煙席がございますが。

키츠엔세키또 킹엔세키가 고자이마스가

◆ 금연석으로 부탁해요.

禁煙席でお願いします。

킹엔세키데 오네가이시마스

어른 大人 오토나	어린이 子供 코도모	운임 運賃 운칭
목적지 行き先 이키사키	가장 가까운 역 最寄り駅 모요리에키	

시내 교통
시내에서 이동하기

일본에서는 전철과 지하철 노선만 잘 파악하고 있으면 어디든지 편안하게 이동할 수 있다. 따라서 버스나 택시는 전철과 지하철의 보조 교통수단 정도로 생각하는 것이 좋다. 하지만 일본의 전철, 지하철은 복잡하고 노선마다 운영 회사가 달라 환승하기도 쉽지 않다. 그러므로 JR 전철 노선을 기본으로 지하철 노선과 사철 노선을 미리 이해해두는 것이 좋다.

일본의 전철(JR)&지하철&사철

전철 JR

일본 전역을 달리고 있는 JR 전철은 가장 효과적인 교통수단이다. JR 동일본, JR 서일본, JR 토카이, JR 홋카이도, JR 규슈, JR 시코쿠 등 권역에 따라 운행하고 있으며 각 권역은 신칸센을 비롯한 열차로 연결되어 더욱 편하고 빠르게 이동할 수 있도록 돕는다. 대부분의 JR 노선은 새벽 5시부터 다음날 새벽 1시까지 운행되며 역내에 한글과 영어로 된 노선도와 표지판이 있어 이용하기 편하다. 기본요금은 140엔으로 이용하는 구간이 길수록 요금이 비싸진다.

지하철 地下鉄

대부분의 지역은 기본적으로 JR 전철을 이용하고 JR이 연결되지 않는 곳으로 이동할 때 지하철을 이용한다. JR보다 운임이 비싸며 한국처럼 환승 개념이 없어 JR에서 지하철로 갈아탈 경우 요금을 다시 지불해야 돼서 불편하다.

사철 私鉄

민영철도라고도 불리는 사철은 JR 전철과 지하철에 비해 노선이 많지 않으나 근교나 외곽으로 갈 때 이용하면 편리하다. 지하철과 마찬가지로 환승이 불가능해 JR이나 지하철로 갈아탈 경우 따로 요금을 지불해야 한다.

Tip
일본의 버스와 택시

일본은 대부분의 지역에 버스 노선이 발달되어 있으며 교통 센터나 안내소에서 한국어로 된 노선안내도를 무료로 받을 수 있다. 하지만 버스를 탈 때 목적지의 한자와 한자 발음 정도는 알아야 해서 일본어를 모른다면 이용하기 조금 어렵다. 운임 지불 방법은 지역마다 다른데 한국처럼 교통카드를 타고 내릴 때 찍는 경우도 있고 탈 때 정리권을 뽑아 내릴 때 이동한 만큼 돈을 내기도 한다.

일본에서는 택시 타기가 수월하다. 거리에서 쉽게 잡을 수 있고 합승도 없을 뿐만 아니라 대부분의 기사들은 친절하다. 요금이 엄청 비싸긴 하지만 다른 나라의 문화를 체험한다는 차원에서 한 번 정도는 타볼 만하다. 지역에 따라 조금씩 다르지만 대부분이 700엔 전후에서 시작하며 미터기를 기준으로 정산한다. 일본의 택시는 자동으로 문이 열리니 직접 열지 않도록 주의하자!

전철&지하철에서

A JR 표는 어디에서 사나요?
JRの切符はどこで買いますか。
제-아루노 킵뿌와 도코데 카이마스까

B 자동판매기에서 살 수 있어요.
自動販売機で買えますよ。
지도-함바이키데 카에마스요

시각표 じこくひょう 時刻表 지코쿠효-	~번 홈 ばん ~番ホーム 방호-무
첫차 しはつ 始発 시하츠	막차 しゅうでん 終電 슈-뎅
개찰구 かいさつぐち 改札口 카이사츠구치	손잡이 て 手すり/ つりかわ 테스리/츠리카와

택시에서

A 어디까지 가십니까?
どちらまでですか。
도치라마데데스까

A 800엔 되겠습니다.
800円でございます。
핫빠꾸엔데 고자이마스

B 이 주소까지 가주세요.
この住所までお願いします。
코노 쥬-쇼마데 오네가이시마스

B 영수증 부탁해요.
レシートをお願いします。
레시-토오 오네가이시마스

버스에서

A 이 버스 한국대사관에 가나요?
このバスは韓国大使館に行きますか。
코노 바스와 캉코쿠 타이시칸니 이키마스까

B 예, 센다이자카시타에서 내리세요.
はい、仙台坂下で降りてください。
하이 센다이자카시타데 오리떼 쿠다사이

A 요금은 언제 내나요?
料金はいつ払いますか。
료-킹와 이츠 하라이마스까

B 내릴 때 내주세요.
降りる時に払ってください。
오리루토키니 하랏떼 쿠다사이

지하철역에서

A 도쿄 역에 가려면 뭐가 제일 빠르죠?

東京駅に行くには何が一番速いですか。

토-쿄-에키니 이쿠니와 나니가 이치방 하야이데스까

B 주오센의 쾌속 전철을 타세요.

中央線の快速電車に乗ってください。

츄-오-센노 카이소쿠덴샤니 놋떼 쿠다사이

A 우에노에 가려면 어디에서 갈아타나요?

上野に行くにはどこで乗り換えますか。

우에노니 이쿠니와 도코데 노리카에마스까

B 칸다 역에서 지하철 긴자센으로 갈아타세요.

神田駅でメトロ銀座線に乗り換えてください。

칸다에키데 메토로 긴자센니 노리카에떼 쿠다사이

각 역 정차
各駅停車
카쿠에키테-샤

쾌속
快速
카이소쿠

준급행
準急
쥰큐-

급행
急行
큐-코-

특급
特急
톡큐-

전철안내방송

+ 곧 전철이 도착합니다.

まもなく電車が参ります。

마모나쿠 덴샤가 마이리마스

+ 위험하오니 노란 선 안쪽으로 물러나주십시오.

危険ですから、黄色い線の内側にお下がりください。

키켄데스까라 키-로이센노 우치가와니 오사가리쿠다사이

+ 승차하실 때는 발밑을 조심하십시오.

ご乗車の際は足下にご注意ください。

고죠-샤노 사이와 아시모토니 고츄-이쿠다사이

+ 문이 닫힙니다. 주의하시오.

ドアが閉まります。ご注意ください。

도아가 시마리마스 고츄-이쿠다사이

+ 무리한 승차는 하지 마시기 바랍니다.

駆け込み乗車はおやめください。

카케코미죠-샤와 오야메쿠다사이

Tip

JR&지하철 갈아탈 때 주의할 점

❶ 같은 회사의 지하철이나 JR에서는 한 장의 표로 갈아탈 수 있지만 JR에서 지하철로, 지하철에서 JR로, 다른 회사의 지하철로 갈아탈 때는 일단 개찰구를 빠져나갔다가 다시 표를 끊고 다른 개찰구로 들어가야 한다.

❷ 하지만 표를 살 때 연결선용 표를 구입하면 표를 새로 사지 않아도 된다. 연결선용 표는 개찰구를 빠져나갈 때 표가 다시 튀어나오므로 잊지 말고 뽑아가자. JR과 지하철로 갈아타려면 다시 표를 사거나 연결선용 표를 사야 한다.

❸ 만일 기본요금의 표를 사서 전철을 탔다가 그보다 멀리 갔을 경우, 내릴 역의 개찰구를 빠져나가기 전 정산기에 표를 넣으면 얼마를 더 내야 하는지 추가 금액이 표시된다. 표시된 액수만큼 돈을 넣으면 정산용 표가 나온다.

❹ 보통 · 급행 · 특급으로 나뉜 경우가 있다. 보통은 각 역마다 정차하지만 급행과 특급은 그냥 통과하는 역이 많다. 플랫폼이 다르면 문제가 없지만 한 플랫폼에서 보통 · 급행 · 특급 열차가 모두 서는 곳도 있으니 주의한다. 가고자 하는 역에 서는지 꼭 확인할 것. 전광판이나 노선 안내판을 보면 시간대별로 표시되어 있다.

❺ 규모가 큰 역은 서쪽 · 동쪽 등 출구에 따라 전혀 다른 곳이 나온다. 이를 확인하지 않고 무작정 나갔다가 허탕 치기 일쑤. 보통 지하철 출구를 기준으로 지역이 나뉘고, 출구별로 통로가 다르므로 개찰구를 빠져나가기 전에 목적지에서 가장 가까운 출구를 찾은 다음 표지판을 따라서 움직인다.

➕ 공항에서 리무진 버스티켓 살 때

A 목적지가 잘못됐는데요.

行き先が違うんですが。

이키사키가 치가운데스가

B 죄송합니다. 바로 교환해드리겠습니다.

申し訳ございません。すぐお取り替えいたします。

모ー시와케고자이마셍 스구 오토리카에이타시마스

➕ 전철을 잘못 탔을 때

A 전철을 잘못 탔는데요.

乗り間違えてしまったんですが。

노리마치가에떼 시맛딴데스가

B 다음 역에서 내려 반대편 홈에서 타세요.

次の駅で降りて、反対のホームから乗ってください。

츠기노 에키데 오리떼 한타이노 호ー무까라 놋떼 쿠다사이

➕ 내릴 역을 지나쳤을 때

A 내릴 역을 지나쳐버렸는데요.

乗り過ごしてしまったんですが。

노리스고시떼 시맛딴데스가

B 저 쪽에 자동정산기가 있으니 정산해주세요.

あちらに自動精算機がありますから、精算してください。

아치라니 지도ー세ー상키가 아리마스까라 세ー상시떼 쿠다사이

➕ 전철표를 잃어버렸을 때

A 표를 잃어버렸는데요.
切符を落としてしまったんですが。
킵뿌오 오토시떼 시맛딴데스가

B 어디에서 타셨습니까?
どちらから乗りましたか。
도치라까라 노리마시따까

➕ 택시에서 길이 막힐 때

A 목적지는 아직 멀었나요?
目的地まではまだですか。
모쿠테키치마데와 마다데스까

B 네, 차가 밀려서요.
ええ、渋滞していますからね。
에— 쥬—타이시떼 이마스까라네

➕ 버스 요금을 낼 때

A 정리권 뽑는 걸 깜빡했는데요.
整理券を取り忘れたんですが。
세—리켕오 토리와스레딴데스가

B 어디에서 탔어요?
どこから乗ったんですか。
도코까라 놋딴데스까

➕ 버스 노선을 물어볼 때

A 이 버스는 신주쿠에 안 가나요?
このバスは新宿には行かないんですか。
코노 바스와 신쥬쿠니와 이카나인데스까

B 가지만, 돌아서 가요.
行きますが、遠回りになります。
이키마스가 토—마와리니 나리마스

➕ 버스를 기다릴 때

A 이케부쿠로행 버스가 좀처럼 안 오네요.
池袋行きのバスがなかなか来ませんね。
이케부쿠로유키노 바스가 나카나카 키마셍네

B 이케부쿠로행은 여기가 아니라, 반대편 버스 정류장이에요.
池袋行きはここではなくて、反対側のバス停ですよ。
이케부쿠로유키와 코코데와나쿠떼 한타이가와노 바스테—데스요

43

편안한 잠자리는 여행의 기본. 호텔, 유스호스텔, 비즈니스호텔, 게스트 하우스, 료
칸 등 다양한 숙소 중에서 어떤 것을 선택하는 것이 좋을까? 합리적인 가격대의 쾌
적한 숙소를 원한다면 비즈니스호텔을, 일본의 전통적인 분위기를 느끼고 싶다면
료칸을 추천한다. 호텔 프런트 직원이나 료칸 주인에게 물어보면 싸고 맛있는 식
당, 쇼핑가, 놀거리 등 다양한 정보를 얻을 수 있다. 숙소를 인포메이션 센터로 활용
하자.

일본에서 바로 쓰는

상황별 회화 3

숙소 가이드

비즈니스 호텔

료칸

트러블 회화

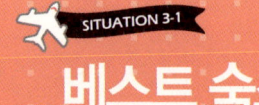
베스트 숙소
비즈니스호텔

일본만큼 비즈니스호텔이 많은 곳도 드물다. 주로 출장이 잦은 회사원이나 일반 여행객들이 이용하는데, 특급 호텔의 서비스 시설엔 못 미치지만 그런대로 사용할 만하다. 가격은 1인 1박 기준으로 5000~1만5000엔인데 잘 찾아보면 3000엔대에 묵을 수 있는 저렴한 곳도 있다. 비즈니스호텔에 묵으려면 예약은 필수.

Step 1 비즈니스호텔 예약

여행 전 예약은 필수. 여행사나 호텔 예약을 전문으로 하는 업체를 통해 예약한다. 일본어가 가능하다면 일본 비즈니스호텔 사이트를 방문해 직접 예약하는 것도 좋다. 2월의 입시철이나 4~5월의 골든 위크, 8월 중순의 오봉, 12월의 크리스마스 전후는 호텔이 꽉 차므로 예약을 서둘러야 한다.

일본 호텔 전문 예약사이트
호텔 재팬 홈피 www.hoteljapan.com
후지 투어 홈피 www.fujitour.com
여행박사 홈피 www.tourbaksa.com
제이트래블 홈피 www.jtravel.co.kr
자란 홈피 www.jalan.net

Step 2 추천 호텔 체인

선루트 호텔 サンルートホテル
일본 각지에 수많은 지점이 있는 대형 비즈니스호텔 체인이다. 객실은 첨단 기능을 갖춘 안정된 분위기라 일본 비즈니스맨들 사이에 인기가 높은 곳이다. 지점별로 가격이 다르니 미리 확인할 것.
홈피 www.sunroute.jp/korean/

도요코인 東横イン
도요코인은 비즈니스호텔 체인으로 일본 전역에 255개의 호텔을 운영 중이다. 대부분이 역에서 가까운 곳에 있으며 모던하고 깔끔한 객실을 자랑한다. 가격이 저렴하며 싱글 룸과 트윈 룸, 더블 룸에 여성 고객들을 위한 레이디스 룸까지 운영하고 있다.
홈피 www.toyoko-inn.kr

Tip
그 외 묵을 곳

특급 호텔 가격은 1인당 1박에 1만5000~3만 엔 정도. 둘이 함께 숙박할 경우 가격은 배가 된다. 일본의 특급호텔은 룸이 그다지 크지 않지만 편하게 쉴 수 있고 각종 서비스 시설이 잘 갖추어져 있다. 일본호텔협회 홈피 www.j-hotel.or.jp/kr/
유스호스텔 다른 나라 사람들과 여행 정보를 교환할 수 있다는 것이 장점. 체크인 시간이 제한되어 있는 곳이 많다. 가격은 2500~3500엔 정도. 일본 유스호스텔 홈피 www.jyh.or.jp
게스트 하우스 도미토리 스타일의 객실에 휴게실과 욕실, 화장실을 공동으로 사용한다. 저렴하여 장기 체류하는 외국인 배낭족들이 주로 찾는다.
캡슐호텔 말 그대로 캡슐 형태로 생긴 잠자리를 저렴하게 제공하는 호텔이다. 큰 캐리어를 보관할 공간이 없으며 연속해서 묵더라도 매일 체크인과 체크아웃을 해야 한다. 또 청소 시간에는 짐을 가지고 다녀야 해서 단기 숙박 예정자나 배낭족이 아니면 적합하지 않다.

숙소 예약하기

A 요금은 1박에 얼마예요?
りょうきん いっぱく
料金は一泊いくらですか。
료-킹와 잇빠꾸 이쿠라데스까

B 아침식사 포함해서 1박에 1만3000엔입니다.
ちょうしょく いっぱくいちまんさんぜんえん
ご朝食付きで、一泊1万3000円でございます。
고쵸-쇼쿠츠키데 잇빠꾸 이치망 산젱엔데고자이마스

✦ 4월 1일부터 3박으로 예약하고 싶은데요.
ろく がつついたち さんぱく よやく
六月一日から三泊で予約したいんですが。
로쿠가즈 츠이타치까라 삼빠꾸데 요야쿠시따인데스가

✦ 방은 어떻게 해드릴까요?
へ や
お部屋はどのようにいたしましょうか。
오헤야와 도노요-니 이타시마쇼-까

✦ 싱글 / 트윈 / 더블로 주세요.
ねが
シングル/ツイン/ダブルでお願いします。
싱구루/츠인/다부루데 오네가이시마스

체크인하기

A 예약한 ○○○입니다.
よやく
予約した○○○です。
요야쿠시따 ○○○데스

B 여기 숙박 카드에 기입해주십시오.
しゅくはく き にゅうねが
こちらの宿泊カードにご記入願います。
코치라노 슈쿠하쿠카-도니 고키뉴-네가이마스

✦ 방 열쇠와 아침식사권입니다.
ちょうしょくけん
ルームキーとご朝食券でございます。
루-므카-또 고-쵸-쇼쿠켄데고자이마스

✦ 식사는 2층 레스토랑에서, 오전 6시부터입니다.
しょくじ にかい あさろくじ
お食事は2階のレストランで、朝6時からでございます。
오쇼쿠지와 니카이노 레스토란데 아사 로쿠지까라데고자이마스

몇 박	2박
なんぱく	に はく
何泊	二泊
남빠꾸	니하꾸
3박	4박
さんぱく	よんはく
三泊	四泊
삼빠꾸	용하꾸
5박	6박
ご はく	ろっぱく
五泊	六泊
고하꾸	록빠꾸
7박	8박
ななはく	はっぱく
七泊	八泊
나나하꾸	핫빠꾸
9박	10박
きゅうはく	じゅっぱく
九泊	十泊
큐-하꾸	쯧빠꾸

모닝콜
モーニングコール
모-닝구코-루
세탁
クリーニング
크리-닝구
청소
そうじ
소-지
룸서비스
ルームサービス
루-므사-비스

47

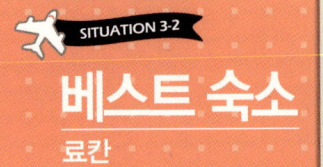

SITUATION 3-2

베스트 숙소
료칸

편리한 서양식 라이프스타일이 보편화된 요즘에는 여행을 떠나도 콘도나 호텔, 현대식 민박에 묵는 경우가 많다. 일본에 왔으니 한 번쯤은 전통 여관(료칸 旅館)에 묵으며 진정한 일본 문화를 느껴보자. 그러나 가격은 만만치 않다. 물론 저렴한 료칸도 있지만 일반적으로 1만 엔 이상이다.

Step 1 일본 료칸의 매력

엘리베이터 없이 오르내려야 하는 나무 계단, 다다미방 선반이나 탁자에 놓인 오래된 장식품, 1인용 소반에 차려나오는 간소한 아침식사 등을 통해 느낄 수 있는 일본 전통 분위기는 오래도록 기억에 남을 것이다. 료칸에서는 보통 아침식사나 저녁식사가 제공되는데 음식 또한 일본의 풍미를 느낄 수 있을 정도로 깔끔하고 맛있다.

Step 2 일본 료칸 예약하기

일본 료칸 예약 방법은 다른 숙박시설 예약 방법과 크게 다르지 않다. 요즘은 인터넷 예약 시스템이 잘 갖춰져 있고 료칸 자체에 외국어를 할 수 있는 직원이 상주하고 있는 경우도 많아 부담 없이 예약이 가능하다. 하지만 료칸은 대부분이 도심에서 떨어져 있고 일본 전통의 접대 서비스(おもてなし)를 제공하는 곳이 많아 여타 숙박업체와는 성격이 다른 것도 사실. 예약할 때는 국내 이용객들의 후기를 충분히 읽어보고 찾아가기 쉬운지, 일본어를 잘 몰라도 서비스를 제공받는 데 불편함이 없는지 등 기본적인 부분을 확인하는 것이 좋다.

일본 료칸 홈피 www.ryokan.or.jp/kr/

> ### Tip
> **일본 료칸 예약 시 체크할 사항**
> ❶ 가장 가까운 전철·버스 역에서 도보로 이동할 수 있는 거리인지, 너무 멀 경우 픽업 서비스를 제공하는 지 등 료칸까지의 이동 루트를 미리 알아본다.
> ❷ 식사는 아침과 저녁에 모두 제공되는지, 아니면 한 타임만 제공되는지 확인한다.
> ❸ 대부분 식사 제공 시간이 정해져 있으므로(예를 들어 저녁식사 18:00~19:30, 아침식사 08:00~09:30) 해당 시간에는 반드시 숙소에 있을 수 있도록 여행 일정을 짠다.
> ❹ 저녁식사가 포함되어 있지 않은 경우라도 너무 늦은 체크인은 곤란해 하는 곳이 대부분이니 웬만하면 여행 일정이 여유로운 날 료칸을 찾는 것이 좋다.
> ❺ 간혹 일본어를 못하는 손님을 받기 꺼려하는 곳도 있으니 한국어 후기 확인은 필수. 여관에 외국어를 할 줄 아는 종업원이 없어 제대로 된 서비스를 제공하지 못할 것을 우려해 그런 것이니 너무 서운해 하지는 말자.

료칸에서

A 노천 온천은 몇 시부터 몇 시까지 하나요?
露天風呂は何時から何時までですか。
ろてんぶろ　なんじ　なんじ
로템부로와 난지까라 난지마데데스까

B 아침 5시부터 밤 12시까지로 되어 있습니다.
朝5時から夜12時までででございます。
あさごじ　よるじゅうにじ
아사 고지까라 요루 쥬ー니지마데데 고차이마스

온천 おんせん 温泉 온센
다다미방 わしつ 和室 와시츠
가이세키 요리 かいせきりょうり 会席料理 카이세키료ー리

식사시간 묻기

A 저녁식사는 몇 시부터인가요?
夕食は何時からですか。
ゆうしょく　なんじ
유ー쇼쿠와 난지까라데스까

B 저녁식사는 6시부터이고, 방에서 천천히 드실 수 있습니다.
ご夕食は6時からで、お部屋でごゆっくりお召し上がりいただけます。
ゆうしょく　ろくじ　へや　めあ
고유ー쇼쿠와 로쿠지까라데 오헤야데 고윳쿠리 오메시아가리이타다케마스

대중탕 위치 묻기

A 대중탕은 어디에 있어요?
大浴場はどこにありますか。
だいよくじょう
다이요쿠죠ー와 도코니 아리마스까

B 지하 1층에 있습니다.
地下1階にあります。
ち　かいっかい
치카 잇카이니 아리마스

이불 かけぶとん 카케부퉁
요 しきぶとん 시키부퉁
베개 まくら 마쿠라
목욕 타월 バスタオル 바스타오루

✦ 유카타 입는 법을 가르쳐주세요.
浴衣の着方を教えてください。
ゆかた　きかた　おし
유카타노 키카타오 오시에떼 쿠다사이

✦ 맥주 / 와인 / 니혼슈 주세요
ビール/ワイン/日本酒をください。
にほんしゅ
비ー루/와인/니혼슈오 쿠다사이

1 유카타 갈아입고 노천 온천으로

유카타로 갈아입고 수건을 챙겨 노천 온천으로 나간다. 대부분의 노천 온천은 혼탕인 경우가 많지만 남녀탕을 따로 운영하거나 이용 시간대를 정해놓는 경우도 있다.

2 가이세키 요리 맛보기

료칸에서 가장 기대되는 시간. 가이세키 요리는 맛을 느끼기 전 눈으로 먼저 사람을 사로잡는다. 온천 주변에서 나는 재료로 만들며 먹기 좋게 1인분씩 차려진다.

3 잠들기 전 한 번 더 온천욕

일본 사람들은 잠들기 전에 한 번 더 온천욕을 한다. 노천 온천을 즐겼다면 여관 안에 있는 실내 욕탕에도 한 번 들어가 보자.

4 다다미방에서 푹 자기

두툼한 이불이 포근하게 깔려 있는 일본 전통 다다미방에서 푹 잠든다. 온천에 몸을 담가 노곤해진 몸과 마음이 편안해지며 나도 모르는 사이 깊은 잠으로 빠져든다.

5 담백한 아침식사 즐기기

대부분의 료칸에서는 1박을 하면 아침과 저녁식사를 모두 준다. 아침식사는 화려하지는 않지만 담백하고 깔끔한 맛이 일품. 료칸마다 메뉴가 다르지만 담백한 맛은 비슷하다.

Tip 료칸 찾아가기

료칸은 산 깊은 골짜기에 있는 곳이 많아 대부분 예약한 숙박객을 대상으로 픽업 서비스를 제공한다. 온천에 도착하면 일단 체크인을 하고, 온천에 대한 간단한 안내를 받은 다음 방을 배정받는다. 이때 유카타와 몸을 닦는 큰 수건, 작은 수건을 받아 방으로 가져가면 된다.

일본 음식점에서는 쉽게 볼 수 없는 전통 여관 요리인 가이세키는 주로 지역의 계절 특산물로 만든다. 제철 재료들을 이용해 료칸만의 맛과 색을 입힌 후 다양한 식기에 담아 내온다. 료칸의 종업원은 음식을 내오는 내내 무릎을 꿇고 정성 스럽게 서비스(오모테나시 おもてなし)한다.

1인 정식 세트로 나오는 가이세키 요리는 언뜻 보면 양이 적어 보일 수도 있다. 그러나 반찬과 전골, 메인 요리, 디저트까지 그 종류가 다양하고 가장 맛있게 먹을 수 있도록 정확하게 코스로 나오기 때문에 든든하게 식사를 즐길 수 있다. 음식을 만든 주방장은 손님에게 요리에 대해 간단한 설명과 함께 더 맛있게 먹을 수 있는 방법을 알려준다.

체크아웃하기

✦ 체크아웃해주세요.

チェックアウトをお願いします。
ねが

첵쿠아우토오 오네가이시마스

✦ 냉장고나 전화는 사용하셨습니까?

冷蔵庫やお電話はお使いにりましたか。
れいぞう こ　　でん わ　　　つか

레-조-코야 오뎅와와 오츠카이니 나리마시따까

✦ 음료수를 마셨어요.

ソフトドリンクを飲みました。
の

소후토도링크오 노미마시따

Tip

유카타 입는 방법

❶ 속옷만 남겨두고 모두 벗은 후 입는다.

❷ 오른쪽 깃을 안으로 넣고 왼쪽 깃이 겉으로 향하게 입는다.

❸ 허리에 오비를 묶어 고정한다.

· 날이 추울 때는 유카타 위에 하오리를 걸치고 나간다.

· 밖에 나갈 때는 준비된 게타를 신거나 샌들을 신는다.

· 온천 지역에서는 유카타만 입고 돌아다녀도 상관없다.

Tip

일본 온천 이용 시 주의할 점

일본의 온천 문화는 한국의 목욕 문화와는 여러 가지로 차이점이 있다. 민망하다고 혼탕에 수영복을 입고 들어가거나 수건으로 몸을 가리고 들어가는 것은 자제하는 것이 좋다. 때수건으로 때를 박박 미는 행위도 가급적 삼갈 것. 일본의 대욕탕이나 온천에서는 라커 대신 바구니에 옷을 넣게 되어 있으니 귀중품은 방에 보관한다.

🔵 예약 내용이 잘못되었을 때

A 예약 내용에는 조식이 포함되어 있었는데요.

予約内容には朝食付きとなっていたんですが。

요야쿠 나이요-니와 쵸-쇼쿠츠키또 낫떼 이딴데스가

B 저희 쪽에는 숙박만 하시는 걸로 되어 있습니다만.

こちらには素泊まりになっておりますが。

코치라니와 스도마리니 낫떼 오리마스가

🔵 방을 바꾸고 싶을 때

A₁ 전망이 더 좋은 방으로 바꿔줄 수 없나요?

もっと眺めのいい部屋に替えてくれませんか。

못또 나가메노 이- 헤야니 카에떼 쿠레마셍까

A₂ 방이 마음에 안 들어서 그러는데, 바꿔줄 수 있나요?

部屋が気に入らないので、替えてもらえますか。

헤야가 키니 이라나이노데 카에떼 모라에마스까

B 예약이 꽉 차서 비어 있는 방이 없습니다.

予約がいっぱいで、空いてるお部屋がございません。

요야쿠가 입빠이데 아이떼루 오헤야가 고자이마셍

🔵 룸 키가 없을 때

A 룸 키를 방에 두고 나왔는데요.

ルームキーを部屋に置いたまま出てしまったんですが。

루-무키-오 헤야니 오이따마마 데떼 시맛딴데스가

B 방 번호와 성함을 말씀해주십시오.

お部屋番号とお名前をお願いします。

오헤야방고-또 오나마에오 오네가이시마스

✚ 옆방이 시끄러울 때

A 옆방이 시끄러운데 조용히 하게 해주세요.
隣の部屋がうるさいんですが、静かにしてもらえますか。
토나리노 헤야가 우루사인데스가 시즈카니 시떼 모라에마스까

B 알겠습니다.
かしこまりました。
카시코마리마시따

. . . .

✚ 방에 문제가 생겼을 때

A₁ 냉방 / 난방이 안 들어오는데요.
冷房/暖房が効いていないんですが。
레-보-/담보-가 키이떼 이나인데스가

A₂ 뜨거운 물이 안 나오는데요.
お湯が出ないんですが。
오유가 데나인데스가

A₃ 드라이어 / 샤워기가 고장났어요.
ドライヤー/シャワーが壊れているんですが。
도라이야-/샤와-가 코와레떼 이룬데스가

B 담당자를 보내드릴 테니 기다려주십시오.
担当の者を伺わせますので、少々お待ちください。
탄토-노 모노오 우카가와세마스노데 쇼-쇼- 오마치쿠다사이

. . . .

✚ 체크아웃 트러블

A₁ 전화는 안 썼는데, 확인해주세요.
電話は使っていないので、確認してください。
뎅와와 츠캇떼 이나이노데 카쿠닌시떼 쿠다사이

A₂ 냉장고 안에 있는 건 아무것도 안 마셨는데, 확인해주세요.
冷蔵庫の中の物は何も飲んでいないので、確認してください。
레-조-코노 나카노 모노와 나니모 논데 이나이노데 카쿠닌시떼 쿠다사이

B 정말 죄송합니다.
大変失礼いたしました。
타이헹 시츠레-이타시마시따

여행을 하다 보면 알아두어야 할 것이 많다. 거리에 즐비하게 늘어선 간판을 제대로 읽을 줄 안다면 낯선 일본이 가깝게 느껴진다. 위급한 상황에 대비해 휴대전화 로밍 서비스를 이용하거나 포켓 와이파이를 대여한다. 시시콜콜 여행에 필요한 기본 정보를 챙겨두면 일본 여행이 한결 더 즐거워진다.

일본에서 바로 쓰는

상황별 회화 4

여행 필수 정보

시내 간판 읽기

전화 걸기

인터넷 사용

여행 티켓&투어

트러블 회화

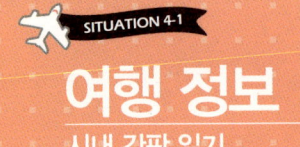

여행 정보
시내 간판 읽기

여행 고수가 알려주는 트래블 팁. 일본어를 모르더라도 간판만 읽을 수 있다면 길 위에서 헤매지 않는다는 사실. 화장실과 약국, 택시 정류장, 지하철 등의 간판을 익혀두면 지나가는 사람들에게 일일이 물어보거나 지도를 뒤적거리는 수고를 덜 수 있다.

알아두면 좋은 간판 속 일본어

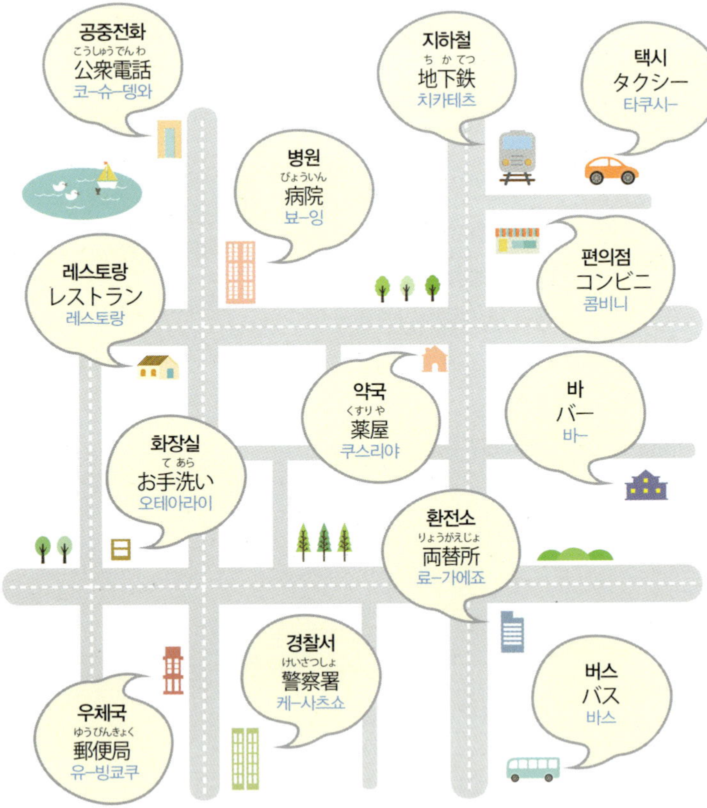

공중전화
こうしゅうでんわ
公衆電話
코ー슈ー뎅와

지하철
ち か てつ
地下鉄
치카테츠

택시
タクシー
타쿠시ー

병원
びょういん
病院
뵤ー잉

편의점
コンビニ
콤비니

레스토랑
レストラン
레스토랑

바
バー
바ー

약국
くすりや
薬屋
쿠스리야

화장실
て あら
お手洗い
오테아라이

환전소
りょうがえじょ
両替所
료ー가에죠

경찰서
けいさつしょ
警察署
케ー사츠쇼

버스
バス
바스

우체국
ゆうびんきょく
郵便局
유ー빙쿄쿠

56

목적지를 물어볼 때

A 시부야 역 동쪽 출구는 어디예요?
渋谷駅の東口はどちらですか。
시부야에키노 히가시구치와 도치라데스까

B 저 사거리에서 왼쪽으로 꺾으세요.
あの四つ角を左に曲がってください。
아노 요츠카도오 히다리니 마갓떼 쿠다사이

북 北 키타	서 西 니시
남 南 미나미	오른쪽 右 미기

A ○○호텔은 어디예요?
○○ホテルはどこですか。
○○호테루와 도코데스까

B 역을 통과해서 반대 쪽으로 나가세요.
駅を通って反対側から出てください。
에키오 토옷떼 한타이가와까라 데떼 쿠다사이

A 택시 정류장은 어디예요?
タクシー乗り場はどこですか。
타쿠시-노리바와 도코데스까

B 길 건너편 약국 앞에 있어요.
道の向こうのコンビニの前にあります。
미치노 무코-노 콤비니노 마에니 아리마스

뒤 後ろ 우시로	옆 となり 토나리
멀다 遠い 토-이	
곧장 まっすぐ 맛스구	
이쪽 こっち 콧찌	
저쪽 あっち 앗찌	

목적지까지 거리를 물어볼 때

A 백화점 / 공원 / 서점은 여기서 가깝나요?
デパート/公園/本屋はここから近いですか。
데파-토/코-엥/홍야와 코코까라 치카이데스까

B 네, 걸어서 5분 정도예요.
ええ、あるいて5分ぐらいです。
에- 아루이떼 고훙구라이데스

여행 정보
전화 걸기

최근에는 대부분의 통신사에서 자동 로밍서비스를 제공하여 자신이 쓰던 핸드폰을 그대로 일본에 들고 나가 통화를 할 수 있게 되었으며 요금도 많이 저렴해졌다. 또한 와이파이를 쓸 수 있는 곳에서는 다양한 애플리케이션을 이용해 무료로 통화도 할 수 있어 편리하다.

Step 1 일본에서 한국으로 전화하는 방법

일반 전화에 거는 방법

| 통신사별 국제전화번호
(KT 001, LG 002, SK 005) | ▶ | 국가 번호 82 | ▶ | 지역 번호의 0을 뺀 상대방 전화번호 |

📞 서울의 *777-7777*로 전화할 때는 001-82-2-777-7777

휴대전화에 거는 방법

| 통신사별 국제전화번호
(KT 001, LG 002, SK 005) | ▶ | 국가 번호 82 | ▶ | 앞의 0을 뺀 상대방 전화번호 |

📞 010-999-9999로 전화할 때는 001-82-10-999-9999

Step 2 로밍 핸드폰으로 전화 걸기

한국에서 로밍해간 핸드폰을 사용하는 방법은 일본의 공중전화로 국제전화를 거는 방법과 똑같다. 요금은 통신사와 환율에 따라 다르지만 비싼 편이다. 알아둘 것은 전화를 걸 때 뿐만 아니라 전화를 받을 때도 요금이 부과된다는 사실. 발신료는 1분 기준으로 대략 1100~1500원, 수신료는 190~320원이다.

> **Tip**
> **국제 선불카드**
> 외국 여행을 할 때 하나쯤은 꼭 가지고 다녀야 할 필수품이다. 특히 일본은 전화 요금이 비싸기 때문에 국내에서 미리 사두는 것이 좋다. 국내에서 살 수 있는 국제 선불카드의 종류는 무척 다양하다. 인터넷에서 검색 후 용도에 맞는 저렴한 카드를 선택해 구입한다.

Step 3 와이파이를 이용해 전화 하기

최근에는 스마트폰의 다양한 애플리케이션을 이용해 통화를 하거나 메시지를 보낼 수 있게 되어 편리하다. 해외 데이터 로밍이나 포켓 와이파이를 신청해 사용하고 있다면 장소에 구애받지 않고 연락을 주고받을 수 있다. 물론 신청하지 않았더라도 호텔 등 와이파이를 쓸 수 있는 곳에서 무료로 통화를 할 수 있다. 추천 애플리케이션으로는 카카오톡, 라인, SKYPE 등이 있다.

전화카드 사기

A 전화 카드는 어디에서 살 수 있어요?

テレホンカードはどこで買えますか。

테레홍카―도와 도코데 카에마스까

B 편의점이나 역 매점에서 살 수 있어요.

コンビニや駅の売店で買えますよ。

콤비니야 에키노 바이텡데 카에마스요

국제전화 걸기

A 이 전화는 국제전화는 안 되나요?

この電話は国際電話はできませんか。

코노 뎅와와 콕사이뎅와와 데키마셍까

B 네, 옆에 있는 전화를 쓰세요.

ええ、となりの電話を使ってください。

에― 토나리노 뎅와오 츠캇떼 쿠다사이

전화 사용법

A 죄송하지만, 전화 사용법을 가르쳐주실 수 있나요?

すみませんが、電話の使い方を教えてもらえませんか。

스미마셍가 뎅와노 츠카이카타오 오시에떼 모라에마셍까

B 이 전화는 10엔짜리 동전, 100엔짜리 동전, 전화 카드를 쓸 수 있어요.

この電話は10円玉、100円玉、テレホンカードが使えます。

코노 뎅와와 쥬―엔다마 햐쿠엔다마 테레홍카―도가 츠카에마스

공중전화
こうしゅうでんわ
公衆電話
코―슈―뎅와

국가 번호
くにばんごう
国番号
쿠니방고―

지역 번호
しがいきょくばん
市外局番
시가이쿄쿠방

전화번호부
でんわちょう
電話帳
뎅와쵸―

Tip
긴급 시 유용한 전화번호

경찰 110 응급차 119

주 일본 대한민국 대사관

주소 東京都港区南麻布1―2―5 업무 09:00~12:00, 13:30~18:00(토·일요일 휴무) 문의 03-3452-7611/9

FAX 03-3452-7420 긴급 연락처(휴무일) 03-6400-0736

59

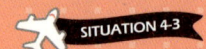

SITUATION 4-3

여행 정보
인터넷 사용

일본은 한국보다 인터넷 보급률이 떨어지는 편이다. 하지만 프리 와이파이 존이 많이 생겨나고 있으며 편리하게 인터넷을 사용할 수 있는 인터넷 카페도 많다. 해외 데이터 로밍서비스나 포켓 와이파이를 신청하지 않았거나 핸드폰 배터리 방전 · 분실 등의 이유로 인터넷을 사용할 수 없게 되었을 때 인터넷을 사용하는 방법에 대해 알아보자.

Step 1　인터넷 카페 이용법

인터넷 카페를 이용하는 순서는 우리나라 PC방과 비슷하다고 생각하면 된다. 회원이 아닐 경우 접수 카운터에서 원하는 좌석을 고른 다음 전표를 받고 지정된 좌석에서 원하는 만큼 인터넷을 사용한다. 돌아갈 때 카운터에 전표를 건네고 요금을 정산한다. 일본 전역에 있는 모든 인터넷 카페를 소개하는 사이트(www.cafeman.jp)가 운영되고 있다

Step 2　프리 와이파이 존 찾기

프리 와이파이 존을 찾는 방법은 다양한데 그중 가장 간편한 방법은 'Japan Connected-free Wi-Fi'라는 애플리케이션을 이용하는 것이다. 이 애플리케이션은 와이파이를 무료로 사용할 수 있는 곳을 지도상으로 알려주기 때문에 지도를 보고 이동해 와이파이를 연결하면 되므로 이용이 간편하다. 주요 지역은 오프라인 지도를 제공해, 인터넷 연결이 되어있지 않더라도 미리 다운받아둔 지역에 한해 프리 와이파이 존 위치를 확인할 수 있도록 돕는다. 접속자가 많아 연결이 잘 안 되거나 암호화된 와이파이에 비해 보안이 취약하다는 단점이 있지만 급하게 인터넷 접속을 해야 하는 상황이 온다면 큰 도움이 될 것이니 여행 전에 미리 설치해두자.

Tip

일본 컴퓨터에서 한글 사용하기

윈도는 기본적으로 한국어를 지원하기 때문에 윈도를 OS로 사용하고 있는 컴퓨터에서는 한글 보기는 물론 입력까지 가능하다. 입력할 때는 오른쪽 아래에 정렬된 아이콘 중 'KO'를 선택하면 된다. 만일 KO가 없다면 시작에서 제어판(コントロールパネル)을 클릭해 언어(言語) 설정에서 키보드와 언어(キーボードと言語)를 클릭, 추가(追加)에서 한국어(韓国語)를 선택하면 된다.

인터넷 카페 찾기

A 근처에 인터넷을 쓸 수 있는 곳이 있나요?
近くにインターネットが使える場所はありますか。
치카쿠니 인타-넷토가 츠카에루 바쇼와 아리마스까

B 네, 역 앞에 인터넷 카페가 있어요.
ええ、駅前にネットカフェがあります。
에- 에키마에니 넷토카훼가 아리마스

인터넷 카페에서

A 요금은 얼마예요?
料金はいくらですか。
료-킹와 이쿠라데스까

B 1시간에 400엔이고, 15분마다 100엔씩 추가됩니다.
1時間400円で、15分ごとに100円追加されます。
이치지캉 욘햐쿠엔데 쥬-고훙고토니 햐쿠엔 츠이카사레마스

A 영업 시간은 몇 시까지인가요?
営業時間は何時までですか。
에-교-지캉와 난지마데데스까

B 24시간 영업이며 연중무휴입니다.
24時間営業で年中無休です。
니쥬-요지캉 에-교-데 넨쥬-무큐-데스

A 한국어도 쓸 수 있나요?
韓国語も使えますか。
캉코쿠고모 츠카에마스까

B 네, 물론이죠.
ええ、もちろんです。
에- 모치롱데스

음료 飲み物 노미모노	가벼운 식사 軽食 케-쇼쿠
샤워 シャワー 샤와-	마사지 マッサージ 맛사-지
사우나 サウナ 사우나	선탠 日焼け 히야케
새우잠 仮眠 카밍	

여행 정보
여행 티켓&투어

일본 여행사도 우리나라 여행사처럼 여행 상품을 판매하고 숙소와 교통편 예약 등 여행에 관련된 업무를 하고 있다. 대표 여행사로는 JTB와 HIS가 있다.
미도리노마도구치는 일종의 티켓 발권 카운터로 열차 티켓을 비롯해 여행과 관련된 다양한 티켓을 판매한다.

나홀로 투어 티켓 판매소 vs 편안한 투어 버스

관광안내센터 観光案内センター

그 지역의 대표 JR 역에는 미도리노마도구치(みどりの窓口)라는 티켓 발권 카운터와 관광안내센터가 있다. 만일 자신이 짠 일정에 맞춰 전철을 타고 여행할 계획이라면 미도리노마도구치나 관광안내센터에서 관련 레일 티켓이나 패스를 구매해 보다 저렴하게 여행을 할 수 있다. 레일 티켓이나 패스 중에는 외국인만 구매할 수 있는 것도 있는데 이러한 정보가 부족하다면 관광안내센터에서 상담을 받아보는 것도 추천한다. 또한 이러한 외국인 전용 패스는 여권이 있어야만 구매가 가능하니 여권을 반드시 챙기도록 한다.

버스 투어 정보

전철이나 기차로는 이동할 수 없는 일본의 구석구석을 여행하기에는 렌터카가 가장 좋지만 운전을 못 하는 뚜벅이 여행자들에게 가장 추천하는 것이 바로 버스 투어이다. 각각의 여행지를 느긋하게 즐기기는 어려울지 모르지만 차가 아니면 가기 힘든 스폿까지 꼼꼼하게 둘러볼 수 있으며 가이드의 친절한 설명까지 더해져 알찬 관광을 할 수 있다. 한국 여행사가 진행하는 버스 투어와 일본 여행사에서 진행하는 버스 투어가 있으니 여행 전에 양쪽 모두 확인해보면 좋다. 버스 투어의 경우 사전 예약제가 대부분이어서 비가 오더라도 출발하는 경우가 많아, 여행 지역에 따라서는 예약에 신중을 기해야 한다. 이럴 때는 예약 마감이 출발 며칠 전인지 미리 알아두고 마지막까지 날씨를 확인한 후 신청하는 것이 좋다.

쿠루쿠루 버스 홈피 www.kurukurubus.com
여행박사 홈피 www.tourbaksa.com
하나투어 홈피 www.hanatour.com

여행사에서

A 축제 팸플릿 있나요?

お祭りのパンフレットありますか。

오마츠리노 팜후렛토 아리마스까

B 이게 이번 달 행사 안내입니다.

こちらが今月の行事案内です。

코치라가 콩게츠노 교-지안나이데스

추천	당일치기
おすすめ	日帰り
오스스메	히가에리
이벤트	유람선
イベント	屋形船
이벤토	야카타부네

A 시내 관광 투어 있나요?

都内の観光ツアーはありますか。

토나이노 캉코-츠아-와 아리마스까

B 예, 반일 코스, 1일 코스, 밤 코스가 있습니다.

はい、半日コース、1日コース、ナイトコースがございます。

하이 한니치코-스 이치니치코-스 나이토코-스가 고자이마스

시내버스 투어를 할때

A 점심 코스는 식사는 안 나오나요?

昼のコースは食事は付いていないですか。

히루노 코-스와 쇼쿠지와 츠이떼 이나이데스까

B 예, 식사가 포함된 것은 밤 코스뿐입니다.

はい、お食事付きは夜のコースだけです。

하이 오쇼쿠지츠키와 요루노 코-스다케데스

자유석	지정석
自由席	指定席
지유-세키	시테-세키
승차권	특급권
乗車券	特急券
죠-샤켕	톡큐-켕

미도리노마도구치에서

A 오사카까지 가장 빠른 표 주세요.

一番早い大阪行きの切符をください。

이찌방 하야이 오-사카유키노 킵뿌오 쿠다사이

B 편도 / 왕복(으)로 드릴까요?

片道/往復でよろしいですか。

카타미치/오-후쿠데 요로시-데스까

63

🔵 길을 잃었을 때

A 길을 잃었는데요.
道に迷っています。
미치니 마욧떼이마스

B 어디까지 가시는데요?
どちらまで行かれるんですか。
도치라마데 이카레룬데스까

🔵 길을 물어볼 때

A ○○에 가고 싶은데, 길을 몰라서.
○○に行きたいんですが、道がわからなくて。
○○니 이키타인데스가 미치가 와카라나쿠떼

B 저 파출소에 가서 물어보면 친절히 가르쳐줄 거예요.
あそこの交番に行くと親切に教えてくれますよ。
아소코노 코-방니 이쿠또 신세츠니 오시에떼 쿠레마스요

🔵 전화 카드가 주입되지 을 때

A 카드를 넣어도 다시 나와요.
カードを入れても戻ってくるんです。
카-도오 이레떼모 모돗떼 쿠룬데스

B 카드 방향은 맞나요?
カードの方向は合っていますか。
카-도노 호-코-와 앗떼 이마스까

🔵 잔돈이 안 나올 때

A 잔돈이 안 나오는데요.
おつりが出てこないんですが。
오츠리가 데떼 코나인데스가

B 100엔짜리 동전은 잔돈이 안 나와요.
100円玉はおつりが出ませんよ。
햐쿠엔다마와 오츠리가 데마셍요

✚ 여행사에서 일정을 변경할 때

A₁ 오늘 일정을 변경하고 싶은데요.

今日の日程を変更したいんですが。
きょう　にってい　へんこう

쿄―노 닛테―오 헹코―시따인데스가

A₂ 오늘 일정을 취소하고 싶은데요.

今日の日程をキャンセルしたいんですが。
きょう　にってい

쿄―노 닛테―오 캰세루시따인데스가

B₁ 당일이므로 변경은 불가능합니다.

当日ですので、変更は不可能です。
とうじつ　へんこう　ふかのう

토―지츠데스노데 헹코―와 후카노―데스

B₂ 당일 취소는 50%의 취소 수수료를 내셔야 합니다.

当日のキャンセルは50%のキャンセル料がかかります。
とうじつ　りょう

토―지츠노 캰세루와 고쥿파―센토노 캰세루료―가 카카리마스

....

✚ 컴퓨터에 문제가 생겼을 때

A₁ 컴퓨터가 멈춰버렸어요.

コンピューターが動かないんです。
うご

콤퓨―타―가 우고카나인데스

A₂ 컴퓨터 상태가 안 좋아요.

コンピューターの調子が悪いんです。
ちょうし　わる

콤퓨―타―노 쵸―시가 와루인데스

A₃ 글자가 깨지는데요.

文字化けしてしまうんですが。
もじば

모지바케시떼 시마운데스가

A₄ 인쇄가 안 돼요.

印刷ができません。
いんさつ

인사츠가 데키마셍

B₁ 옆에 있는 컴퓨터를 사용해보세요.

隣のコンピューターを使ってみてください。
となり　つか

토나리노 콤퓨―타―오 츠캇떼 미떼 쿠다사이

B₂ 바로 봐드릴 테니 잠시 기다려주세요.

すぐチェックしますので、少々お待ちください。
しょうしょう　ま

스구 첵크시마스노데 쇼―쇼― 오마치쿠다사이

일본에는 볼 것도 많고, 살 것도 많지만 먹을 것이 특히 많다. 한 나라의 문화가 농축되어 있는 음식을 맛보지 않고서는 제대로 여행했다고 할 수 없다. 감칠맛 나는 꼬치 요리, 후루룩 국물 맛이 끝내주는 라멘, 일본을 대표하는 요리 스시 등 일본을 가장 쉽게 체험할 수 있는 요리를 골라 먹으며 진짜 일본을 즐겨보자.

일본에서 바로 쓰는

상황별 회화 5

먹거리 가이드

맛있는 식사
스시

일본을 대표하는 세계적인 음식이다. 우리나라에도 스시집이 많지만 본고장에서 맛보는 스시는 뭔가 다르다. 맛있게 간이 밴 밥 위에 와사비와 신선한 회를 얹는 얼핏 보면 간단한 요리이지만 장인 정신이 녹아있는 일본의 스시에는 깊은 감동이 있다.

Step 1 스시 전문점 vs 회전 스시

스시를 파는 곳은 크게 스시 전문점과 회전 스시(回轉壽司 가이텐즈시)가 있으며 제대로 된 스시를 맛보려면 스시 전문점을 찾는 게 좋다. 가격은 비싸지만 신선하고 생선이 크다. 스시 전문점에서는 먹고 싶은 생선의 종류를 말하면 즉석에서 만들어주는데, 메뉴를 잘 모를 때는 그 집에서 가장 신선하고 맛있는 생선만을 모아놓은 모리아와세(盛合せ)를 주문하는 게 무난하다. 코스 요리는 대략 3000~5000엔 정도.

Step 2 일본의 회전스시 체인점 Best 3

스시로 スシロー
일본 회전스시 체인점 중 가장 많은 사랑을 받고 있는 곳. 일본 전역에 지점이 있다. 계절이나 기간별 한정 메뉴를 꾸준히 개발하며 창작 스시도 다양하고 대부분이 100엔이어서 부담 없이 골라 먹을 수 있다. 사이드 메뉴도 많아서 아이가 있는 가족단위 여행객이 찾기에도 괜찮다.

캇파즈시 かっぱ寿司
홋카이도를 제외한 일본 전역에서 찾아볼 수 있는 인기 회전스시 체인점. 다른 가게에서는 100엔으로 맛볼 수 없는 고급 스시도 많고, 계절별 디저트가 맛있는 것으로 유명하다. 특별 주문을 통해 마요네즈나 와사비를 빼달라고 부탁하기 편해서 자신의 취향에 맞춘 스시를 먹기 좋다.

쿠라스시 くら寿司
첨가물을 쓰지 않는 것으로 유명한 회전스시 체인점. 스시 재료 본연의 맛을 해칠 수 있는 첨가물을 일체 사용하지 않고 맛이 풍성하며 종류도 다양해 큰 인기를 끌고 있다. 가끔 저렴한 회전스시 가게에서 비슷하게 생긴 다른 종류의 생선을 쓰는 경우가 있는데 쿠라스시는 재료 자체에 신뢰가 강해 단골손님도 많다. 식사가 끝나면 쿠라스시 코인으로 뽑기를 할 수 있는 것도 하나의 재미.

스시집에서

A 오늘의 추천(스시)은 뭐예요?
今日のおすすめは何ですか。
쿄-노 오스스메와 난데스카

B 연어입니다.
サーモンです。
사-몬데스

A 어서 오십시오. 몇 분이십니까?
いらっしゃいませ。何名様ですか。
이랏샤이마세 남메-사마데스까

B 1명 / 2명 / 3명이요.
ひとり/ふたり/3人です。
히토리/후타리/산닌데스

A 카운터(자리)도 괜찮으십니까?
カウンターでもかまいませんか。
카운타-데모 카마이마셍까

B 네, 괜찮아요. / 테이블로 부탁해요.
ええ、大丈夫です。/テーブルでお願いします。
에- 다이죠부데스 / 테-부루데 오네가이시마스

◆ 특상 스시 2인분 / 3인분 주세요.
特上にぎりを二人前/三人前お願いします。
토쿠죠-니기리오 니닝마에/산닝마에 오네가이시마스

◆ 음료는 무엇으로 하시겠습니까?
お飲み物は何になさいますか。
오노미모노와 나니니 나사이마스까

◆ 녹차로 됐습니다. / 우롱차 주세요.
お茶でいいです。/ウーロン茶をお願いします。
오챠데 이-데스 / 우-롱쨔오 오네가이시마스

참치
まぐろ
마구로

붕장어
あなご
아나고

전복
アワビ
아와비

새우
エビ
에비

성게
うに
우니

연어알
イクラ
이쿠라

문어
たこ
타코

오징어
イカ
이카

전어
コハダ
코하다

달걀
たまご
타마고

유부초밥
いなりずし
이나리즈시

맛있는 식사
패밀리 레스토랑

일본의 패밀리 레스토랑은 저렴하게 식사를 할 수 있는 패스트푸드점과 차를 마시며 시간을 보내기 좋은 카페를 합친 공간이다. 하루 한 끼 식사 정도는 저렴하게 먹고 싶거나 마땅한 음식점을 찾지 못했을 때, 잠시 느긋하게 쉬어가고 싶을 때 패밀리 레스토랑을 찾아가보자. 체인점마다 특징이 있으니 알아두면 선택하는 데 도움이 될 것이다.

일본의 대표 패밀리 레스토랑

가스토 ガスト

일본 어디에서든 쉽게 찾아볼 수 있는 인기 패밀리 레스토랑. 전반적으로 햄버그, 돈가스 메뉴가 가장 많고 피자, 파스타 같은 이탈리안, 일식, 디저트도 간간히 있다. 메뉴에 적혀있는 요리의 가격은 단품 가격이며 거기에 원하는 구성을 골라 세트 메뉴를 주문하는 형태인데 얼핏 단품 가격만 보면 저렴해 보이지만 세트를 추가하고 세금까지 포함하면 저렴한 편은 아니다. 24시간 영업을 하는 곳도 있다.

사이제리아 サイゼリヤ

이탈리안 전문 패밀리 레스토랑. 파스타와 피자가 주 메뉴이며 곁들여 마시기 좋은 와인도 판매하고 있다. 요리 메뉴를 주문하지 않았을 때 드링크 바 가격이 280엔이어서 카페 대신 가기에도 괜찮다. 대신 가격이 저렴하다보니 학생들이 많아 시끄러운 것이 흠.

데니즈 デニーズ

깔끔한 분위기의 패밀리 레스토랑. 메뉴는 햄버그, 스테이크, 파스타, 일식, 샌드위치, 디저트 등이 있다. 다른 패밀리 레스토랑과 비교해 가장 큰 특징은 다양한 디저트 개발에 힘을 쏟고 있다는 점. 저렴한 편은 아니지만 식사 메뉴도 맛이 좋기로 유명하며, 디저트와 차를 마시며 쉬어가기에 제격인 패밀리 레스토랑이다.

가게에 들어갈 때

A 어서 오십시오. 몇 분이십니까?
いらっしゃいませ。何名様ですか。
이랏샤이마세 난메―사마데스까

B 한 명이에요.
一人です。
히토리데스

A 금연석으로 안내해드려도 괜찮으십니까?
禁煙席でよろしいですか。
킹엔세키데 요로시이데스까

B 네. / 아니요, 흡연석으로 부탁드려요.
はい。/ いいえ、喫煙席でお願いします。
하이 / 이―에 키츠엔세키데 오네가이시마스

음식을 주문할 때

A 주문하시겠습니까?
ご注文はお決まりですか。
고쮸―몽와 오키마리데스까

B 토마토 크림 스파게티 주세요.
トマトクリームスパゲッティください。
토마토크리―무스파겟티 쿠다사이

A 음료는 뭘로 하시겠습니까?
お飲み物は何になさいますか。
오노미모노와 나니니 나사이마스까

B 콜라 스몰 / 미디엄 / 라지 사이즈 주세요.
コーラS/M/Lサイズをお願いします。
코―라 스모―루/미디아무/라지 사이즈오 오네가이시마스

점심메뉴 ランチ 란치
무제한 리필 음료 ドリンクバー 도링쿠 바―
매일 바뀌는 메뉴 日替わり 히가와리
기간한정 期間限定 키캉겐테―
세트 메뉴 セットメニュー 셋토 메뉴―
단품 요리 単品 탄삥
일식 요리 和食 와쇼쿠
디저트 デザート 데자―토

맛있는 식사
대중음식점

24시간 영업하며 저렴해 일본 사람들이 가장 많이 이용하는 곳이다. 카레와 테이쇼쿠(定食), 돈부리, 우동, 소바 등 다양한 메뉴를 판매하는데 종류별로 가격도 다르다. 가격 대비 맛이 훌륭한 음식은 카레와 규동(쇠고기덮밥)이다. 대중음식점에서는 식권을 자판기에서 사야 하는데 메뉴 옆에 사진이 없는 경우도 있으니 음식 이름을 미리 알아두는 것이 좋다.

Step 1 대중음식점 대표 체인

요시노야 吉野

요시노야는 일본 전역에 무려 1000여 개의 체인을 가지고 있으며, 일본뿐만 아니라 세계 각국에 체인점을 운영하고 있는 대중음식점으로 연중무휴 24시간 영업이 특징이다. 2004년 2월 광우병 파동으로 인해 규동 판매를 중단한 후 대체 메뉴로 돼지고기 덮밥인 부타동 豚丼과 카레라이스 등 기존에 없던 새로운 메뉴를 개발해 판매해오다, 2008년 3월부터 다시 미국산 쇠고기 수입을 재개해 인기의 규동 메뉴를 부활시켰다.

가격은 규동이 380엔, 부타동이 330엔이다. 좀 더 저렴한 규사라 牛皿는 330엔, 부타사라 豚皿는 280엔이다. 식권 자판기 도입을 최근에야 시작해 아직 자판기가 없는 지점도 있다. 자판기가 없는 지점에서는 직원에게 직접 주문하도록 한다.

영업 24시간
홈피 www.yoshinoya.com

마츠야 松屋

요시노야와 쌍벽을 이루는 저가형 대중음식 체인점. 가격이 저렴하고 맛있어 가볍게 한 끼 식사를 해결하기에 더없이 좋은 곳이다.

요시노야가 규동 한 가지로 승부를 보는 곳이었다면 마츠야는 다양한 메뉴를 콘셉트로 하는 곳. 카레, 정식, 덮밥 등 기본 식사 메뉴는 물론 혼자 사는 사람들을 위한 아침 영양식까지 준비하고 있다. 마츠야의 모든 매장에는 식권 자판기가 설치되어 있다. 자판기에 붙어 있는 사진을 보고 자기가 먹고 싶은 메뉴를 골라 돈을 넣고 버튼을 누르면 전표가 나오는데, 그 전표를 점원에게 가져다주면 끝. 일본어를 전혀 못해도 편하게 음식을 주문할 수 있는 시스템이다.

영업 24시간
홈피 www.matsuyafoods.co.jp

Step 2 식권 자판기 이용하는 방법

대중음식점에서 사용하는 자판기는 대부분 이용법이 비슷하다.

1 동전 투입 2 메뉴·요금 3 지폐 투입
4 식권 배출 5 거스름돈

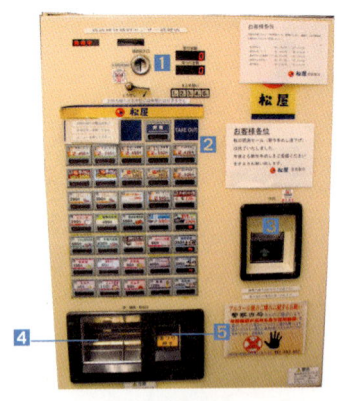

주문하기

A 제일 빨리 나오는 음식은 뭐죠?
いちばん はや りょうり なん
一番早い料理は何ですか。
이치방 하야이 료-리와 난데스까

B <u>돈가스</u>는 5분 정도면 나옵니다.
ふん
<u>トンカツ</u>なら5分ぐらいでできますよ。
<u>통카츠</u>나라 고훙구라이데 데키마스요

A 얼마나 기다려야 하나요?
ま
どのくらい待たなければなりませんか。
도노쿠라이 마타나케레바 나리마셍까

B 30분은 기다리셔야 될 것 같습니다.
さんじっぷん ま おも
30分はお待ちになると思います。
산짓뿡와 오마치니 나루또 오모이마스

A 규동 보통 하나하고 곱빼기 하나 주세요.
ぎゅうどん なみ ひと おお も ひと
牛丼、並一つと大盛り一つください。
규-동 나미 히토츠또 오-모리 히토츠 쿠다사이

B 부드러운 맛과 매운맛, 어느 걸로 하시겠습니까?
あまくち からくち
甘口と辛口、どちらになさいますか。
아마쿠치또 카라쿠치 도치라니 나사이마스까

A 매운맛으로요.
からくち
辛口で。
카라쿠치데

A 여기, (덜어 먹을) 접시 주세요.
と ざら ねが
すみません、取り皿をお願いします。
스미마셍 토리자라오 오네가이시마스

B 예, 잠시 기다려주십시오.
しょうしょう ま
はい、少々お待ちください。
하이 쇼-쇼- 오마치 쿠다사이

돼지고기덮밥
ぶたどん
豚丼
부타동

돼지고기김치덮밥
ぶた どん
豚キムチ丼
부타키무치동

돈가스덮밥
どん
かつ丼
카츠동

닭고기달걀덮밥
おや こ どん
親子丼
오야코동

소스돈가스덮밥
どん
ソースかつ丼
소-스카츠동

쇠고기불고기덮밥
ぎゅうやきにく どん
牛焼肉丼
규-야키니쿠동

돈가스카레
かつカレー
카츠카레-

생선구이 정식
や ざかなていしょく
焼き魚定食
야키자카나 테-쇼쿠

낫토 정식
なっとうていしょく
納豆定食
낫토- 테-쇼쿠

돼지고기연어 정식
ぶたさけ ていしょく
豚鮭定食
부타사케 테-쇼쿠

73

SITUATION 5-4

맛있는 식사
이자카야

일본에서는 술집을 '이자카야'라고 한다. 술도, 안주도 메뉴판을 빼곡하게 채울 만큼 다양하다. 안주의 양이 푸짐한 편은 아니지만 야키도리, 오코노미야키 같은 일본 요리를 비롯해 다양한 메뉴를 저렴한 가격에 먹을 수 있는 게 매력. 체인으로 운영되는 이자카야도 많은데 유명한 이자카야 체인점은 역 주변에 있어서 찾기도 쉽다.

대표 이자카야 체인

와타미 和民

분위기로만 따지면 일류 레스토랑 못지않은 품격을 갖춘 이자카야 체인. 도쿄에만 수십 개의 체인이 있을 정도로 인기가 많은데 그 이유 중 하나는 시끄럽고 복잡한 기존의 이자카야와 달리 조용한 분위기에서 술잔을 기울일 수 있기 때문.
와타미의 인기 메뉴는 연회 코스로 기본 3000엔이며 1000엔을 더하면 술과 음료는 무한정 무료로 제공된다. 일품 안주로는 신선하고 맛있는 볶음 안주와 튀김 안주가 인기 있다.

홈피 www.watamifoodservice.jp/watami/

우오타미 魚民

일본의 대표적인 이자카야 체인점 우오타미는 저렴한 안주에서부터 연회 코스 요리까지 다양한 메뉴를 준비하고 있다. 신선한 해산물과 제철 채소들로 정성껏 만든 연회 코스는 고급스럽고 맛있다. 연회 코스는 구성과 가격이 다양한데 술과 음료가 포함된 코스가 1인당 3400엔부터 시작한다. 신선한 재료들을 이용한 일본 음식을 일본 느낌이 가득한 공간에서 맛볼 수 있다.

홈피 www.teng.co.jp/tenpo/shunsen/

Tip

이자카야 대표 안주&술

대표 안주 웬만한 일본 음식은 다 있다고 볼 수 있을 정도로 이자카야의 안주는 다양하다. 우리나라의 술집과 달리 작은 접시에 조금씩 담겨 나오지만 서민들이 많이 찾는 저렴한 가격대니 이것저것 맛보기 좋다.
맥주 대중적으로 가장 사랑받는 술. 아사히, 삿포로 등이 대표 브랜드.
니혼슈 쌀로 빚은 일본 전통 술. 차게 또는 따뜻하게 데워 마신다.
쇼추 우리나라의 소주와 비슷하다. 도수가 높아 얼음이나 토닉워터, 물을 섞어 마신다.

자리잡기

A 두 명인데 자리 있나요?
二人ですが、席ありますか。
후타리데스가 세키 아리마스까

B₁ 죄송하지만, 만석이라서 잠시 기다려주세요.
申し訳ありませんが、満席ですので少しお待ちいただきます。
모-시와케아리마셍가 만세키데스노데 스코시 오마치이타다키마스

B₂ 예, 있습니다. 어서 들어오십시오.
はい、あります。どうぞお入りください。
하이 아리마스 도-조 오하이리쿠다사이

B₃ 합석도 괜찮으시면, 들어오십시오.
相席でもよろしければ、どうぞ。
아이세키데모 요로시케레바 도-조

술 주문하기

A 음료는 무엇으로 하시겠습니까?
お飲み物は何になさいますか。
오노미모노와 나니니 나사이마스까

B 생맥주 소 / 중 / 대 주세요.
生ビールの小/中/大をお願いします。
나마비-루노 쇼-/츄-/다이오 오네가이시마스

안주 주문하기

A 안주는 무엇으로 하시겠습니까?
おつまみは何になさいますか。
오츠마미와 나니니 나사이마스까

B 모둠 생선회, 두부 튀김, 게 샐러드 주세요.
刺身の盛り合わせと揚げ豆腐とカニサラダお願いします。
사시미노 모리아와세또 아게토-후또 카니사라다 오네가이시마스

니혼슈(정종) 日本酒 니혼슈	사워 サワー 사와-
칵테일 カクテル 카쿠테루	소주 焼酎 쇼-츄-
언더록 ロック 록쿠	스트레이트 ストレート 스토레-토
미즈와리 (물을 탄 것) 水割り 미즈와리	오유와리 (따뜻한 물을 탄 것) お湯割り 오유와리

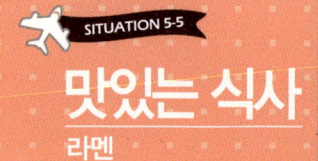

맛있는 식사
라멘

일본에서 가장 빨리, 저렴하게 먹을 수 있는 대중적인 음식. 우리나라와 달리 종류가 다양해 골라 먹는 재미도 쏠쏠하다. 기본양념에 따라 시오 라멘(소금맛), 쇼유 라멘(간장맛), 미소 라멘(된장맛)으로 나뉜다. 개인마다 취향이 다르기는 하지만 담백한 맛의 미소 라멘이 우리 입맛에 가장 잘 맞는다.

일본의 인기 라멘 체인점

잇푸도 一風堂

1985년 카와하라 시게미(河原成美)가 후쿠오카 다이묘에 문을 연 라멘 전문점. 원래 하카타 라멘 가게들은 '무섭고 냄새나고 더러운 곳'이라는 이미지가 있었다. 카와하라는 여자도 혼자 갈 수 있는 깨끗하고 스타일리시한 내부, 돼지육수 특유의 냄새를 없애면서 맛은 더욱 깊어진 국물, 입에 착 감기는 식감이 일품인 오리지널 면발을 통해 잇푸도를 일본에서도 손꼽히는 라멘 브랜드로 이끌었다. 잇푸도에서는 돈코츠라멘을 비롯해 쇼유라멘(醤油ラーメン), 미소라멘(味噌ラーメン) 등 다양한 종류의 라멘을 맛볼 수 있다.

홈피 www.ippudo.com

이치란 一蘭

1960년 한 부부가 시작한 라멘 전문점. 초대 점주였던 부부가 나이가 들면서 폐업을 고려했으나 단골손님들의 바람으로 영업을 지속하였다. 이때를 기점으로 단골만을 대상으로 한 회원제 라멘가게로 운영되던 이치란은 후계자이자 현 사장인 요시토미 마나부(吉冨学)가 나노카와(那の川)에 1호점을 내며 특별한 규제 없이 손님을 받게 되었다. 잇푸도와는 다르게 돈코츠 라멘만을 취급하지만, 국물의 농도, 기름진 정도, 마늘 양 등 선택지가 다양하여 돈코츠 라멘을 처음 접하는 사람에게 추천하는 가게이다.

홈피 www.ichiran.co.jp

Tip
각 지방의 명물 라멘

각 지방마다 독자적인 라멘이 있는데 삿포로와 하카다(규슈 라멘, 후쿠오카 라멘 또는 돈코츠 라멘이라고도 한다) 라멘이 가장 유명하며 맛도 좋다. 대부분의 라멘집에서는 취향에 따라 편육, 야채, 달걀 등을 추가로 토핑해서 먹을 수 있고 교자(만두)와 공기밥을 추가로 주문하면 한 끼 식사로도 부족함이 없다. 최근에는 매운맛 붐이 일면서 얼큰한 맛의 라멘도 많이 보급됐다. 또 여름에는 차가운 장국에 찍어 먹는 츠케멘(つけ麺)도 별미다.

삿포로 라멘은 미소에 돼지고기와 닭 껍질 등을 넣고 푹 끓여 국물 맛이 담백하다. 이에 비해 하카다 라멘은 기름기가 많고 육수가 진한 게 특징. 일본에서는 하카다 라멘을 좋아하는 사람이 더 많지만 우리 입맛에는 담백한 맛의 삿포로 라멘이 더 잘 맞는다.

라멘을 주문할때

A 라멘에는 밥이 같이 나오나요?
ラーメンにはご飯が付いていますか。
라-멘니와 고항가 츠이떼 이마스까

B 밥은 따로 주문하셔야 합니다.
ご飯は別になります。
고항와 베츠니 나리마스

A 교자(중국식 만두)는 한 접시에 몇 개예요?
餃子は一皿何個ですか。
교-자와 히토사라 낭코데스까

B 5개입니다.
5個です。
고코데스

1개	2개	3개	4개	6개
一個	二個	三個	四個	六個
잇코	니코	상코	용코	록코

A 라멘 곱빼기는 얼마 추가되나요?
ラーメンの大盛りはいくらですか。
라-멘노 오-모리와 이쿠라데스까

B 80엔 추가됩니다.
80円増しになります。
하치쥬-엔 마시니 나리마스

A 토핑도 할 수 있나요?
トッピングもできますか。
톳핑구모 데키마스까

B 예, 양념멘마(죽순), 챠슈(돼지고기 편육) 등을 할 수 있습니다.
はい、味付けメンマ、チャーシューなどできますよ。
하이 아지츠케멤마 챠-슈-나도 데키마스요

간장맛 라멘
醤油ラーメン
쇼-유라-멘

소금맛 라멘
塩ラーメン
시오라-멘

된장맛 라멘
味噌ラーメン
미소라-멘

매운 라멘
タンタンメン
탄탄멘

돈코츠 라멘
とんこつラーメン
통코츠 라-멘

츠케멘
つけ麺
쓰케멘

중화소바(라멘)
中華そば
츄-카소바

교자
餃子
교-자

77

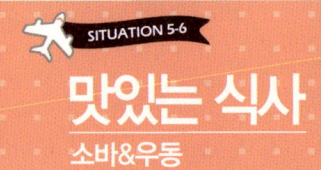
맛있는 식사
소바&우동

소바는 메밀로 만든 국수를 따뜻한 국물에 말아 먹거나 차가운 장국에 찍어 먹기도 하고(모리소바) 여러 가지 재료와 소스를 넣고 볶아 먹는(야키소바) 등 종류가 다양하다. 우동은 밀가루로 만든 국수를 가다랑어포로 맛을 낸 국물에 말아 먹는 게 일반적이며 가장 대표적인 것은 타누키·기츠네·와카메 우동이다.

일본의 인기 소바 & 라멘 체인점

유데타로 ゆで太郎

일본에는 수많은 타치구이(立ち食い) 소바 가게가 있다. 타치구이란, 서서 먹는다는 뜻으로 이러한 문화는 에도시대부터 이어져 내려왔다. 다양한 타치구이 메뉴 중에서 가장 대표적인 것이 소바인데, 요리하는 데 시간이 오래 걸리지 않고 먹기가 간편해 서서 먹기엔 제격이기 때문이다.

유데타로는 수많은 타치구이 소바 가게 중에서 가장 인기가 많은 체인점이다. 인기가 날로 더해지며 손님들의 의견을 반영해 앉아서 먹을 수 있는 테이블이 있는 곳도 생겼다. 유데타로의 인기 비결은 매일 아침 지정 제분소에서 소바 가루를 받아와 가게에서 직접 제면해 맛있는 면발을 뽑아내는 데 있다. 또한 타치구이이기에 가능한 저렴한 가격도 한몫한다. 가장 저렴한 모리소바가 320엔이며, 카츠동과 모리소바 세트는 650엔이다. 저렴한 가격에, 일본의 타치구이 문화도 경험해 볼 수 있으니 기회가 된다면 찾아가 보자.

츠루통탄 つるとんたん

도쿄와 오사카에 지점을 두고 있는 우동 전문점. 츠루통탄이라는 이름은 밀가루를 반죽할 때 나는 소리(통통), 반죽을 일정한 굵기로 자르는 소리(탄탄), 그리고 입속으로 후루룩 빨려 들어가는 소리(츠루츠루)에서 따왔다. 츠루통탄은 덴푸라 우동, 카레우동, 자루우동 등 다양한 종류의 우동 메뉴가 있어 취향에 맞는 우동을 골라 맛볼 수 있다. 가게의 인테리어는 모던하면서도 일본 특유의 분위기를 잘 살려 고급스러우며, 종업원들이 기모노를 입고 친절하게 안내해 주는 것 또한 매력적이다. 츠루통탄은 주문 시 면의 양을 물어보는 데(p.79 대화 예시문 참조) 히토타마는 우리나라에서 보통, 후타타마는 곱빼기, 산타마는 3배 정도 양이다. 산타마까지 별도의 비용이 들지 않으니 먹을 수 있는 만큼 주문한다.

주문하기

A 츠키미우동은 뭔가요?
月見うどんって何ですか。
_{つき み} _{なん}
츠키미우동떼 난데스까

B 우동 위에 날계란을 얹은 우동입니다.
うどんの上に生玉子がのっているうどんです。
_{うえ} _{なま たま ご}
우동노 우에니 나마타마고가 놋떼이루 우동데스

A 타누키소바가 뭔가요?
たぬきそばって何ですか。
_{なん}
타누키소밧떼 난데스까

B 소바 위에 튀김 부스러기를 얹은 소바예요.
そばの上に天かすがのっているそばです。
_{うえ} _{てん}
소바노 우에니 텐카스가 놋떼이루 소바데스

면 추가하기

A 우동의 양은 3배까지 동일가격입니다.
うどんは3玉まで同一価格でございます。
_{さんたま} _{どう いつ か かく}
우동와 산타마마데 도―이츠카카쿠데 고자이마스

B 1인분/곱빼기로 부탁합니다.
1玉/2玉でお願いします。
_{ひとたま ふたたま} _{ねが}
히토타마/후타타마데 오네가이시마스

계산하기

A 계산해주세요.
お勘定お願いします。
_{かんじょう} _{ねが}
오칸죠― 오네가이시마스

B 같이 계산해드릴까요?
ご一緒でよろしいですか。
_{いっしょ}
고잇쇼데 요로시―데스까

A 따로 해주세요.
別々でお願いします。
_{べつべつ} _{ねが}
베츠베츠데 오네가이시마스

기츠네우동 きつねうどん 키츠네우동

냄비우동 鍋焼きうどん_{なべ や} 나베야키우동

고모쿠우동 五目うどん_{ごもく} 고모쿠우동

타누키우동 たぬきうどん 타누키우동

덴푸라우동 天ぷらうどん_{てん} 텐뿌라우동

카레우동 カレーうどん 카레―우동

카케소바 かけそば 카케소바

자루소바 ざるそば 자루소바

덴푸라소바 天ぷらそば_{てん} 텐뿌라소바

기츠네소바 きつねそば 키츠네소바

오로시소바 おろしそば 오로시소바

🧳

✚ 음식이 늦게 나올 때

A 주문한 음식이 아직 안 나왔는데요.

注文した料理がまだ来ていないんですが。

츄―몬시따 료―리가 마다 키떼 이나인데스가

B 죄송합니다. 금방 가져다드리겠습니다.

申し訳ありません。すぐお持ちいたします。

모―시와케아리마셍 스구 오모치이타시마스

✚ 음식이 잘못 나왔을 때

A₁ 주문한 음식과 다른데요.

注文した料理と違うんですが。

츄―몬시따 료―리또 치가운데스가

A₂ 이건 주문 안 했는데요.

これは注文していないんですが。

코레와 츄―몬시떼 이나인데스가

B 죄송합니다. 바로 바꿔드리겠습니다.

申し訳ありません。すぐにお取り替えいたします。

모―시와케아리마셍 스구니 오토리카에이타시마스

✚ 계산이 잘못되었을 때

A₁ 계산서가 틀린데요.

計算書が違うんですが。

케―산쇼가 치가운데스가

A₂ 거스름돈이 틀린데요.

おつりが違うんですが。

오츠리가 치가운데스가

B 정말 죄송합니다.

大変失礼いたしました。

타이헹 시츠레―이타시마시따

➕ 종업원에게 도움을 청할 때

A₁ 음식이 식었어요. 데워주세요.

料理が冷めています。温めてください。
りょうり   さ   あたた

료-리가 사메떼 이마스 아타타메떼 쿠다사이

A₂ 와사비가 너무 매워요. 좀 빼주세요.

わさびが辛すぎます。少し取ってくれませんか。
            から   すこ と

와사비가 카라스기마스 스코시 톳떼 쿠레마셍까

B 예, 알겠습니다.

はい、かしこまりました。

하이 카시코마리마시따

A 맥주가 별로 안 차가운데요.

ビールがあまり冷えていないんですが。
                          ひ

비-루가 아마리 히에떼 이나인데스가

B 잠시 기다려주십시오. 차가운 것으로 갖다드리겠습니다.

少々お待ちください。冷たいものをお持ちします。
しょうしょう ま   つめ   も

쇼-쇼- 오마치쿠다사이 츠메따이 모노오 오모치시마스

....

➕ 음식에 문제가 있을 때

A₁ 스테이크가 너무 탔어요.

ステーキが焼きすぎて焦げています。
                    や   こ

스테-키가 야키스기떼 코게떼 이마스

A₂ 생선회가 별로 신선하지 않네요.

刺身があまり新鮮じゃありませんね。
さし み   しんせん

사시미가 아마리 신센쟈 아리마셍네

A₃ 머리카락이 들어 있어요.

髪の毛が入っています。
かみ け   はい

카미노케가 하잇떼 이마스

B 죄송합니다. 바꿔드리겠습니다.

申し訳ございません。お取り替えします。
もう わけ   と か

모-시와케고자이마셍 오토리카에시마스

81

일본에 가면 마음을 혹하게 하는 요소가 아주 많다. 특히 쇼핑에 관한 한 가히 천국이라 할 만하다. 고급스러운 대형 백화점과 서민적인 재래시장, 소수의 마니아를 위한 아주 작은 규모의 전문점, 대규모 전자상가, 100엔 숍 등. 오만 가지를 망라한 쇼핑 공간에 헤아릴 수 없는 많은 아이템들이 어지러울 정도로 널려 있다. 쇼핑 천국 일본에서 맨 손으로 오면 서운하다. 알짜배기만 콕콕 골라 똑똑하게 쇼핑하자.

일본에서 바로 쓰는

상황별 회화 6

즐거운 쇼핑

드럭스토어

전기 · 전자제품

생활 잡화

편의점

서점

100엔 · 할인 숍

트러블 회화

쇼핑 천국
드럭스토어

일본을 방문한 많은 관광객들이 반드시 들르는 코스 중 하나가 바로 드럭스토어다. 마츠모토키요시(マツモトキヨシ), 산도락구(サンドラッグ) 등의 드럭스토어에서는 화장품부터 의약품, 과자까지 다양한 상품을 저렴하게 구매할 수 있어 인기가 많다. 같은 제품이어도 드럭스토어마다 가격이 다르니 다양한 곳에 들러 비교해보고 마지막 날 구매하는 것이 좋다.

드럭스토어 추천 아이템

시세이도 퍼펙트휩
SHISEIDO Perfect Whip

인기 최고인 폼 클렌징. 적은 양만 사용해도 생크림처럼 부드럽고 풍성한 거품이 난다.

리후레아
リフレア

강력한 차단·지속 효과를 가진 데오도란트, 연고 타입부터 롤, 크림까지 다양한 제형이 있다.

시 브리즈
SEA BREEEZE

땀을 흘린 뒤 유용한 아이템. 알코올 성분이 몸을 시원하게 하고, 내장된 파우더가 보송보송하게 마무리한다.

증기 아이 마스크
蒸気でアイマスク

눈에 붙이면 따뜻해지는 향기로운 아이 마스크. 장시간의 컴퓨터 사용 후 등, 눈이 지쳤을 때 피로를 풀어주기 좋다.

아이봉
アイボン

안구 세정제. 눈 속에 들어있는 이물질을 씻어낼 때 유용하다. 마일드, 쿨 쿨 등 시원한 정도에 따라 타입이 나뉜다.

카베진 코와α
キャベジンコーワα

위의 점막을 튼튼하게 보호하고 운동을 촉진하여 약해진 위의 기력을 회복해주고 정상적인 기능을 할 수 있도록 돕는 위장약이다.

로이히 츠보코
ロイヒ つぼ膏

동그라미 모양의 파스로 동전 파스라는 별칭으로 불린다. 크기가 작아서 혼자서도 붙이기 쉽다.

사카무케아
サカムケア

젤 타입의 상처 코팅제. 상처에 바르면 딱딱하게 굳는데, 바를 땐 아프지만 완벽한 방수 기능으로 물이 닿아도 따갑지 않다.

해열 시트
熱さまシート

귀찮게 수건을 갈 필요 없이 이마에 붙이고 있으면 되는 편리한 해열 시트. 어른용, 어린이용이 있다.

84

물건찾기

A 실례지만 벌레기피 스프레이는 어디에 있나요?

すみません、虫よけスプレーはどこにありますか。

스미마셍 무시요케 스프레ー와 도코니 아리마스까

B 계산대 바로 옆에 있습니다.

レジのすぐとなりにあります。

레지노 스구 토나리니 아리마스

카드로 계산할때

A 신용카드로도 계산할 수 있나요?

クレジットカードでもお支払いできますか。

크레짓또카ー도데모 오시하라이데키마스까

B 네, 할 수 있습니다. 여기에 서명해주세요.

はい、できます。ここに署名をお願いします。

하이 데키마스 코코니 쇼메이오 오네가이시마스

◆ 합계 5400엔 이상은 면세 대상입니다.

合計5400円以上は免税の対象となります。

고ー케이 고센용햐쿠엔이죠ー와 멘제ー노 타이쇼ー또 나리마스

◆ 이 상품은 세 개 이상 구매하실 수 없습니다.

この商品は三つ以上購入できません。

코노 쇼ー힝와 밋츠 이죠ー 코ー뉴ー데키마셍

◆ 이 상품은 품절 되었습니다.

この商品は只今品切中でございます。

코노 쇼ー힝와 타다이마 시나기레츄ー데 고자이마스

활용 단어:

안약 / 目薬 / 메구스리

팩 / パック / 팍꾸

마스크 / マスク / 마스쿠

이 상품 / この商品 / 코노 쇼ー힝

85

쇼핑 천국
전기 · 전자 제품

한국인들이 일본에서 가장 많이 구입하는 것 중 하나가 전자제품. 최신 모델을 발 빠르고 저렴하게 구입할 수 있다. 단 일본 내수용 제품을 살 경우 우리나라와 전압이 달라(일본 100V, 한국 220V) 한국에서 사용할 수 없다. 프리볼트인지 확인하고 구매할 것.

전기 · 전자제품 숍 베스트 3

요도바시 카메라 ヨドバシカメラ

일본 전역에 대규모 매장을 운영하고 있는 요도바시 카메라는 '싸고, 즐겁고, 납득할 수 있는 가격의 쇼핑'을 슬로건으로 풍부한 지식을 가진 판매원과 엄청난 물량, 그리고 제품마다 필요한 액세서리도 함께 전시한다. 가격도 정가보다 30% 이상 저렴하다. 대형 매장에는 한국어 안내 방송이 나오거나 한국어를 구사하는 직원도 있는 경우도 있다.

홈피 www.yodobashi.com

비쿠 카메라 ビックカメラ

일본 전역에 28개의 대형 매장을 전개하고 있는 전기 · 전자제품 양판점으로 1978년 창업했다. 카메라, 컴퓨터, OA기기, 오디오, 통신기기, 가전제품, 시계, 안경, 콘택트렌즈, 주류, 선물 용품, 완구, 스포츠 용품, 산악자전거 등 다양한 상품을 판매한다.

홈피 www.biccamera.com

야마다덴키 라비 ヤマダ電機 LABI

일본의 대표적인 가전 양판점이라고 하면 요도바시 카메라와 비쿠 카메라  를 떠올리는 것이 일반적이지만, 실제 일본에서 매출 1위를 기록하는 가전 양판점은 야마다덴키다. 생활가전과 디지털 카메라 등 일상 가전부터 최첨단 전문 AV기기, 게임 등의 PC 소프트를 고루 갖추고 있다.

홈피 www.yamadalabi.com

제품 정보를 확인할때

A 한국어로 된 설명서가 붙어 있나요?
韓国語の説明書がついていますか。
かんこくご せつめいしょ
캉코쿠고노 세츠메-쇼가 츠이떼 이마스까

B 일본어와 영어로만 되어 있습니다.
日本語と英語のみとなっております。
にほんご えいご
니홍고또 에-고노미또 낫떼 오리마스

컴퓨터	디지털카메라
パソコン	デジカメ
파소콤	데지카메
DSLR	게임 소프트
一眼レフ	ゲームソフト
いちがん	
이치간레후	게-무소후토

물건을 구입할때

A 한국에서 쓸 건데, 전원 220볼트짜리 있나요?
韓国で使う予定ですが、電源が220Vのものはありますか。
かんこく つか でんげん
캉코쿠데 츠카우 요테-데스가 뎅겡가 니햐쿠니쥬-보루토노 모노와 아리마스까

B₁ 220볼트용 어댑터를 쓰시면 괜찮습니다.
220V用のアダプターをご利用いただければ大丈夫です。
よう りよう だいじょうぶ
니햐쿠니쥬-보루토요-노 아다푸타-오 고리요-이타다케레바 다이죠-부데스

B₂ 해외용 전자제품은 이쪽에 있습니다.
海外向けの電気製品はこちらです。
かいがいむ でんきせいひん
카이가이무케노 뎅키세-힝와 코치라데스

노트북	아이패드
ノートパソコン	アイパッド
노-토파소콤	아이팟도
면도기	고데기
シェーバー	ヘアアイロン
쉐-바-	헤아아이롱

A/S를 확인할때

A 이 보증은 한국에서도 이용할 수 있나요?
この保証は韓国でも利用できますか。
ほしょう かんこく りよう
코노 호쇼-와 캉코쿠데모 리요-데키마스까

B₁ 죄송하지만 일본 국내로만 되어 있습니다.
申し訳ございませんが、日本国内のみとなっております。
もう わけ にほんこくない
모-시와케고자이마셍가 니홍 코쿠나이노미또 낫떼 오리마스

B₂ 이 제품은 한국에서도 애프터서비스를 받을 수 있습니다.
この製品は韓国でもアフターサービスが可能です。
せいひん かんこく かのう
코노 세-힝와 캉코쿠데모 아후타-사-비스가 카노-데스

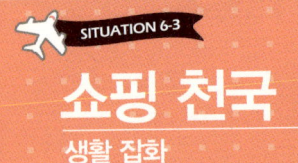

쇼핑 천국
생활 잡화

아기자기한 생활 용품에 관심 있는 사람이라면 일본 곳곳에 있는 생활 잡화 체인을 그냥 지나치지 못할 것. 체인 형식으로 운영되는 대규모 매장에서는 인테리어 소품들과 가구, 주방·욕실 용품, 패션 소품 등 다양한 제품들을 판매한다. 실용적이고 예쁜 디자인에 놀라고 저렴한 가격에 한 번 더 놀라게 된다. 색다른 디자인의 아이디어 상품을 찾아보자.

예쁘고 저렴한 생활 잡화 전문 체인

도큐핸즈 東急ハンズ

생활문화의 창조를 모토로 오픈한 도큐 핸즈는 일본에 핸드메이드 열풍을 일으킨 곳. DIY 관련 용품을 판매하고 있는 전문 쇼핑몰이다. 핸드메이드 용품 외에 파티 용품, 문구, 아웃도어 용품 등 17만여 가지의 아이템을 취급한다. 일본 생활 용품의 유행을 읽을 수 있는 보물창고.

무지루시료힌 無印良品

일본의 대표적인 생활 잡화점. 가구, 패브릭, 문구, 화장품, 주방·욕실 용품, 가전제품, 패션 소품 등 생활에 필요한 모든 것이 다 모여 있다. 실용적인 디자인, 오래 써도 싫증나지 않는다는 것이 장점.

로프트 ロフト

'화려하고 편리한 라이프스타일'을 모토로 하는 생활 잡화 전문 백화점이다. 실용품에서부터 문구류, 화장품, 가구, 인테리어 소품, 주방 용품, 파티 용품까지 예쁘고 깜찍한 제품들이 가득하다. 여성 취향의 트렌디한 상품들이 많은 것이 특징.

프랑 프랑 Franc Franc

컬러풀하고 센스 있는 생활 잡화의 대명사로 군림하고 있는 프랑 프랑은 가구, 주방·욕실 용품, 문구 등 품격 있는 생활 잡화와 인테리어 용품을 모아둔 셀렉션 숍이다. 세련된 디자인이 특징이다.

선물을 고를 때

A 저렴하고 재미있는 선물을 찾고 있는데요.
安くておもしろいプレゼントを探しているんですが。
야스쿠떼 오모시로이 프레젠토오 사가시떼 이룬데스가

B 1층 문구 코너에 독특한 **수첩**과 달력이 있습니다.
1階の文具コーナーにユニークな手帳やカレンダーがあります。
잇까이노 붕구 코ー나ー니 유니ー크나 테ー쵸야 카렌다ー가 아리마스

물건을 고를 때

A 이거 보여주세요.
これ、見せてください。
코레 미세떼 쿠다사이

B 예, 잠시만 기다려주십시오.
はい、少々お待ちくださいませ。
하이 쇼ー쇼ー 오마치쿠다사이마세

◆ 전부 얼마예요?
全部でおいくらですか。
젬부데 오이쿠라데스까

◆ 선물할 거니까 포장해주세요.
プレゼント用ですので、包んでください。
프레젠토데스노데 츠츤데 쿠다사이

◆ 따로따로 포장해주세요.
別々に包んでください。
베츠베츠니 츠츤데 쿠다사이

◆ 종이봉투 주세요.
紙袋をいただけますか。
카미부쿠로오 이타다케마스까

활용 단어

액세서리
アクセサリー
아쿠세사리ー

휴대전화 줄
ケータイストラップ
케ー타이스토랍푸

지갑
財布
사이후

손수건
ハンカチ
항카치

머그컵
マグカップ
마그캅푸

다이어리
ダイアリー
다이아리ー

동전 지갑
小銭入れ
코제니이레

89

쇼핑 천국
편의점

일본의 편의점은 별천지다. 한쪽 벽면 가득 채워지는 다양한 종류의 도시락, 웬만한 디저트 가게 부럽지 않은 맛있는 롤케이크, 여름이면 맛볼 수 있는 빙수와 겨울에만 판매하는 오뎅까지. 지나가다가 마실 것 하나 사러 슬쩍 들르는 것이 아닌, 구석구석까지 파헤치고 싶어지는 매력적인 일본 편의점에 대해 알아보자.

일본의 대표 편의점

패밀리 마트 FamilyMart

얼마 전까지 한국에도 있었던 편의점 프랜차이즈. 일본에서는 '화미리마-토(ファミリマート)'라고 말하며 줄여서 '화미마(ファミマ)'라고 하기도 한다. 'Fun&Fresh'를 슬로건으로 내걸고 있는 패밀리 마트는 일본 전역에 1만2000여 개의 점포가 있으며 그 중에서는 슈퍼마켓·드럭스토어·농협 등과 일체화된 독특한 형태의 편의점도 있다. 다른 편의점들보다 상품과 기획에 적극적으로 도전하는 편이다.

세븐일레븐 7-Eleven

일본의 편의점 시스템을 구축한 선구자적인 존재다. '가깝고 편리한 편의점'을 목표로 하며 총 점포수 1만8500여 곳으로 다른 편의점들에 비해 월등히 많다. 자체개발 상품에 주력하고 있는데 평판이 매우 좋다. 맛있는 편의점 도시락하면 세븐일레븐을 떠올리는 사람이 많으며 겨울에 판매하는 오뎅이 맛있기로도 유명하다.

로손 LAWSON

'도심 속 건강 스테이션'이라는 슬로건을 내걸며 건강을 중시하는 사람을 타깃으로 하는 편의점 프랜차이즈다. 로손은 한국에 지점이 없다보니 조금 생소한 편의점인데, 최근 도지마롤에 대적할 만한 롤 케이크로 '프레미엄 롤 케이크(プレミアムロールケーキ)'가 큰 사랑을 받으며 국내 인지도를 높이고 있다.

Tip
편의점 무료 Wi-Fi 사용하기

일본 편의점에서는 고객을 위한 서비스 차원에서 무료 Wi-Fi를 제공한다. 입구 유리창에 Wi-Fi 스티커가 붙어있는 지점에서 사용이 가능한데, 세븐일레븐과 패밀리 마트는 이메일 주소, 성별, 패스워드 등의 정보를 적어 해당 이메일로 보내준 URL을 클릭하면 사용자 등록이 되는 방식이고, 로손은 이메일 주소만 적으면 바로 사용자 등록이 되는 방식이다. 1일 이용횟수는 패밀리 마트 3회(1회 20분), 세븐일레븐 3회(1회 60분), 로손 5회(1회 60분)로 제한된다. 세 편의점만 잘 찾아다니며 Wi-Fi를 사용해도 여행할 때 큰 도움이 되니 알아두도록 하자.

물건찾기

A 차가운 음료는 어디에 있나요?

冷たい飲み物はどこにありますか。

츠메타이 노미모노와 도코니 아리마스까

B 제일 뒤쪽 벽에 있습니다.

一番奥の壁の方ににございます。

이치방 오쿠노 카베노 호-니 고자이마스

계산하기

A 포인트 카드 있으신가요?

ポイントカードはお持ちですか。

포인토 카-도와 오모치데스까

B 아니요.

いいえ。

이-에

A 젓가락 필요하신가요?

お箸はお付けいたしますか。

오하시와 오츠케이타시마스까

B 네, 주세요.

はい、お願いします。

하이 오네가이시마스

A 따뜻한 것과 차가운 것 따로 나눠서 드릴까요?

温かいものと冷たいものをお分けしましょうか。

아타타카이모노또 츠메타이모노오 오와케시마쇼-까

B 같이 주셔도 괜찮습니다. / 네, 부탁드려요.

一緒で大丈夫です。/はい、お願いします。

잇쇼데 다이죠-부데스 / 하이 오네가이시마스

+ 도시락 데워드릴까요?

お弁当を温めましょうか。

오벤토-오 아타타메마쇼-까

+ 영수증 주세요

レシートください。

레시-토 쿠다사이

따뜻한 음료
温かい飲み物
아타타카이 노미모노

도시락
お弁当
오벤토-

과자
お菓子
오카시

컵라면
カップ麺
캅뿌멘

술
お酒
오사케

칫솔
歯ブラシ
하부라시

반창고
絆創膏
반소-코-

스타킹
ストッキング
스톡킹구

91

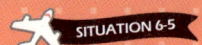

쇼핑 천국
서점

일본의 출판 시장은 어마어마한 규모. 키노쿠니야, 산세이도, 북 퍼스트 등 우리나라의 교보문고에 버금가는 대형 서점이 체인으로 운영되며 140여 개의 서점이 즐비하게 늘어선 도쿄 칸다의 고서점처럼 학술·예술적으로 소장 가치가 높은 고서적들을 판매하는 곳도 많다. 중고 책을 전문으로 취급하는 특화된 서점들도 있다.

일본의 대표 서점

키노쿠니야 서점 紀伊國屋書店

우리나라의 교보문고와 비교되는 일본에서 가장 큰 서점으로 일본 전역에 60여개의 매장이 있으며 하루에 100만 권이라는 엄청난 양의 서적을 판매하고 있다. 미국·싱가포르·인도네시아 등 해외에도 매장을 운영하고 있다.

북 퍼스트 BOOK 1st

오사카를 기점으로 도쿄 등에 40여 개의 매장을 갖고 있는 대형 서점. 다양한 종류의 서적과 잡지를 판매하며 과거에 비해 축소되긴 하였지만 '사운드 퍼스트'를 통해 여전히 CD도 판매하고 있다.

북오프 Book Off

북오프는 전국 각지에 매장이 있는 일본 최대의 중고 책 전문 서점이다. 책 상태에 따라 100엔부터 가격이 정해지는데, 깨끗한 상태의 중고 책을 구할 수 있어 인기가 많다. 도서 외에도 게임 소프트, 최근에는 가전제품까지 취급하고 있다.

책을 찾을 때

A 건축 디자인에 관한 책은 어디에 있어요?
建築デザインに関する本はどこにありますか。
켄치쿠 데자인니 칸스루 홍와 도코니 아리마스까

B 2층 4번 코너에 있습니다.
2階の4番コーナーにございます。
니카이노 욤방코ー나ー니 고자이마스

A 이 책, 있어요?
この本、ありますか。
코노 홍 아리마스까

B 죄송합니다. 지금 품절 상태입니다.
申し訳ありません。只今品切中でございます。
모ー시와케아리마셍 타다이마 시나기레쮸ー데 고자이마스

A 언제쯤 들어올 예정인가요?
いつ頃、入荷する予定ですか。
이츠고로 뉴ー카스루 요테ー데스까

B 3일 후 들어올 예정입니다.
三日後の予定です。
밋카고노 요테ー데스

계산할 때

A 커버 씌워드릴까요?
カバーおかけしますか。
카바ー 오카케시마스까

B 예. / 필요 없어요[괜찮아요].
はい。/ いりません。
하이 / 이리마셍

| 문학 |
| 文学 |
| 붕가쿠 |

| 예술 |
| 芸術 |
| 게ー쥬츠 |

| 아동서 |
| 児童書 |
| 지도ー쇼 |

| 만화책 |
| コミック |
| 코믹쿠 |

| 어학 |
| 語学 |
| 고가쿠 |

| 인문 |
| 人文 |
| 진붕 |

사회·경제	요리
社会·経済	料理
샤카이·케ー자이	료ー리

잡지	이공계 서적
雑誌	理工書
잣시	리코ー쇼

의학·복지	컴퓨터
医学·福祉	コンピューター
이가쿠·후쿠시	콤퓨ー타ー

역사	실용서
歴史	実用書
레키시	지츠요ー쇼

93

SITUATION 6-6

쇼핑 천국

100엔 · 할인 숍

100엔 숍에서 판매하는 물건은 문구, 인테리어, 서적, 주방 용품, 생활 잡화 등 다양하다. 제품의 질이나 디자인은 그다지 뛰어나지 않지만 잘만 고르면 쓸 만한 생활 용품을 건질 수 있다. 여행 중 필요한 제품을 구입하기에는 이보다 더 좋은 곳은 없다. 한국인 여행자들에게 큰 사랑을 받고 있는 할인 숍 체인 돈키호테도 들러보자.

괜찮은 제품을 판매하는 100엔 · 할인 숍

다이소 ダイソー

100엔 숍 중 가장 큰 규모를 자랑하는 곳. 한국에도 매장이 있어 친숙하게 느껴지는 생활 잡화 브랜드. 아이디어 상품이나 고급스러운 식기 세트 등을 대부분 100엔에 구입할 수 있다. 일본의 내수 경기가 살아나면서 100엔짜리 상품으로는 한계가 있어서 150~1000엔 정도의 상품도 취급하고 있다. 100엔 숍에 있는 물건이라고 무조건 100엔인 시절은 지났으므로 라벨 옆의 가격표를 눈여겨보자.

캔★두 CAN★DO

생활 용품부터 식품, 잡화까지 다채로운 물건을 모두 100엔에 구입할 수 있다. 일본 전국에 500개 이상의 점포망을 형성한 이 100엔 숍의 인기 비결은 예쁜 100엔 오리지널 상품을 판매한다는 점. 생활 수품은 물론 멋있는 넥타이, 예쁜 인형 등 100엔 숍의 개념을 깨는 독특한 상품이 많은 것이 특징이다. 영수증만 있으면 식품을 제외한 모든 상품을 환불이나 교환할 수 있다.

돈키호테 ドン・キホーテ

일본에 이렇게 싼 곳도 있을까 감탄할 정도로 저렴하다. 식료품부터 전자제품, 고급 브랜드 제품까지 수만여 점의 다양한 상품이 매장 안에 가득 차 있다. 한밤중에도 대낮을 방불케 할 정도로 쇼핑하는 사람이 많다. 질 좋은 제품을 저렴한 가격에 구입할 수 있는 최적의 장소. 알뜰 여행자 중에는 이곳에서 선물을 사가는 경우가 많으며 24시간 영업을 하는 곳도 있어 올빼미 쇼핑족에게도 인기다.

> **Tip**
> ### 300엔 숍
> 100엔 숍이 히트를 기록하며 300엔 숍과 1000엔 숍도 생겨났다. 100엔 숍과 기본 원리는 똑같지만 300엔 숍은 시중에서 700~1000엔 정도 하는 제품을 300엔에, 1000엔 숍은 1500~3000엔 정도 하는 제품을 1000엔에 판매한다. 취급하는 품목은 100엔 숍처럼 다양하다. 할인점보다 저렴한 가격이니 꼭 한 번 들러볼 것.

필요한 물건을 찾을 때

A 여행용 화장품 세트 있나요?

旅行用の化粧品セットはありますか。
りょこうよう　けしょうひん

로코-요-노 케쇼-힝셋토와 아리마스까

B 예, 화장품 코너에 있습니다.

はい、化粧品コーナーにございます。
　　けしょうひん

하이 케쇼-힝 코-나-니 고자이마스

물건을 더 사고 싶을 때

A 이거랑 같은 장식품을 하나 더 샀으면 하는데요.

これと同じ置物をもう一つほしいんですが。
　　おな　おきもの　　ひと

코레또 오나지 오키모노오 모- 히토츠 호시인데스가

B 잠시만 기다려주세요. 지금 가져오겠습니다.

少々お待ちください。今お持ちします。
しょうしょう　ま　　　　いま　も

쇼-쇼- 오마치쿠다사이 이마 오모치시마스

영업시간&가격을 물어볼 때

A 밤 늦게까지 여는 가게 있나요?

夜遅くまで開いているお店はありますか。
よるおそ　　　あ　　　　　みせ

요루 오소쿠마데 아이떼 이루 오미세와 아리마스까

B 네, 역 앞 가게라면 24시간 영업해요.

ええ、駅前のお店なら24時間営業ですよ。
　　えきまえ　　みせ　　にじゅうよじ かん えいぎょう

에- 에키마에노 오미세나라 니쥬-요지깡 에-교-데스요

A 이 가게 상품은 전부 다 100엔인가요?

この店の商品はどれでも全部100円ですか。
　　みせ　しょうひん　　　　　ぜんぶ　ひゃくえん

코노 미세노 쇼-힝와 도레데모 젬부 햐쿠엔데스까

B 대부분은 100엔이지만 100엔이 넘는 물건도 있습니다.

ほとんどは100円ですが、100円以上のものもありますよ。
　　　　　ひゃくえん　　　　　ひゃくえん いじょう

호통도와 햐쿠엔데스가 햐쿠엔 이죠-노 모노모 아리마스요

목욕 용품
バス
바스

인테리어
インテリア
인테리어

팬시
ファンシー
환시-

화장실 용품
トイレタリー
토이레타리-

완구
玩具 がんぐ
강구

식품
食品 しょくひん
쇼쿠힝

의료품
医療品 いりょうひん
이료-힝

세탁 용품
ランドリー
란도리-

95

➕ 구입한 물건을 환불받고 싶을 때

A 환불 가능한가요?
払い戻しできますか。
하라이모도시 데키마스까

B 영수증을 보여주십시오.
レシートをお願いします。
레시-토오 오네가이시마스

➕ 점원이 물건 값을 잘못 계산했을 때

A 여기엔 100엔이라고 쓰여 있는데, 계산이 틀린 거 아닌가요?
ここには100円と書いてありますが、計算が間違っていませんか。
코코니와 햐쿠엔또 카이떼 아리마스가 케-상가 마치갓떼 이마셍까

B 정말 죄송합니다.
大変失礼いたしました。
타이헹 시츠레-이타시마시따

➕ 전자제품이 작동하지 않을 때

A 어제 산 건데 작동이 안 돼요.
昨日買ったばかりなのに、動かないんです。
키노- 캇따바카리나노니 우고카나인데스

B 잠깐 보겠습니다.
ちょっと拝見します。
춋또 하이켕시마스

➕ 물건 값을 흥정할 때

A 다른 가게보다 조금 비싸네요.
他のお店よりすこし高いですね。
호카노 오미세요리 스코시 타카이데스네

B 이 가격은 어떠세요?
このお値段でいかがですか。
코노 오네단데 이카가데스까

활용 단어

얼룩
シミ
시미

구멍
穴
아나

고장
故障
코쇼-

반품
返品
헴삥

가짜
偽物
니세모노

물건 배송이 지연될 때

A 호텔까지 배송을 부탁했는데, 아직 도착 안 했어요.

ホテルまで配達をお願いしたんですが、まだ届いていないんです。

호테루마데 하이타츠오 오네가이시딴데스가 마다 토도이떼 이나인데스

B 성함과 주문하신 물품을 말씀해주십시오.

お名前とご注文の品をお願いします。

오나마에또 고츄―몬노 시나오 오네가이시마스

배달 상품에 문제가 생겼을 때

A 배달된 상품이 비에 젖어 있는데요.

届いた物が雨に濡れているんですが。

토도이따 모노가 아메니 누레떼 이룬데스가

B 죄송합니다. 착불로 반송해주시겠습니까?

申し訳ございません。着払いでご返送願えますか。

모―시와케고자이마셍 챠쿠바라이데 고헨소― 네가에마스까

물건을 교환하고 싶을 때

A 사이즈가 안 맞는데 교환 가능한가요?

サイズが合わないので替えてもらえますか。

사이즈가 아와나이노데 카에떼 모라에마스까

B 죄송합니다. 세일 상품은 교환이 불가능합니다.

申し訳ございません。セールの品は交換いたしかねます。

모―시와케고자이마셍 세―루노 시나와 코―캉 이타시카네마스

구입한 물건에 문제가 있을 때

A₁ 여기에 흠집이 있는데요.

ここに傷がありますが。

코코니 키즈가 아리마스가

A₂ 이거 지저분한데요.

これ、汚れていますが。

코레 요고레떼 이마스가

B 죄송합니다. 교환해드리겠습니다.

申し訳ございません。お取り替えいたします。

모―시와케고자이마셍 오토리카에 이타시마스

여행지에서 벌어지는 각종 사건과 사고는 즐거운 여행을 끔찍한 악몽으로 만든다. 위기의 순간을 현명하게 헤쳐 나가는 트래블 테크닉을 머릿속에 담아두자. 혼자서 감당할 수 없는 위급한 상황이라면 경찰이나 한국대사관을 찾아가 도움을 청하는 것이 좋으니 대사관 위치와 전화번호를 미리 메모해간다. 여권이나 항공권 등의 소지품을 분실하지 않도록 조심, 또 조심할 것.

일본에서 바로 쓰는
상황별 회화 7
트래블 테크닉

병원 이용법
약국 이용법
분실 사고
트러블 회화

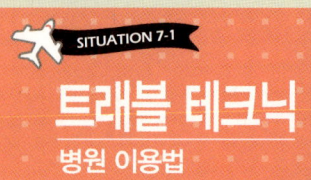

트래블 테크닉
병원 이용법

여행 중 몸이 아프면 당황하게 마련. 말이 안 통한다고 참고 계속 여행을 강행하는 것만큼 어리석은 일은 없다. 몸이 아프면 참지 말고 병원에 가거나 의사를 불러 진료를 받는다. 결제는 카드로 하는 것이 좋고 의사 소견서와 치료비 영수증을 꼭 받아두었다가 귀국 후 보험 처리한다.

Step 1 여행자 보험의 보상 절차

해외여행을 떠날 때는 꼭 여행자 보험을 들도록 한다. 해외여행 경험자나 스스로 몸이 건강하다고 생각해 여행 중 별 탈 없을 것이라 여기고 여행자 보험을 들지 않는 경우가 있는데 간혹 외국에서 아프기라도 하면 큰 낭패를 당한다.

일본 병원에서 진료 받은 금액은 여행자 보험을 통해 돌려받을 수 있다. 가입한 보험에 따라 다소 차이가 있으나 여행 중 입은 상해의 경우는 치료비 한도가 300만원이다(사망 시 최고 보상 한도 5000만원 보험 가입 경우). 현지에서 발생한 치료비는 본인이 지불해야 하며, 귀국 후 보험이 처리된 다음 본인 소유의 통장 계좌로 직접 송금된다. 보험 처리를 위해 의사 소견서와 치료비 영수증, 치료비 명세서(또는 치료비 명세가 적힌 영수증), 본인의 통장 사본과 인적 사항(주소, 전화번호, 주민등록번호)을 보험사에 제출한다.

Step 2 일본 병원 이용법

일본 병원 이용법은 우리나라와 별반 다르지 않다. 일본 현지에서 생활하는 사람이라면 국민건강보험증을 갖고 가 접수한다. 여행자는 보험증 대신 여권을 보여주고 접수한다. 외국인의 경우 일본에서 1년 이상 체류한다는 증빙 서류가 있어야 보험증을 받을 수 있으므로 단기 여행 중에 보험증을 받는 것은 불가능하다. 보험증이 없으면 진료비가 비싸니 만일을 대비해 일본에서 사용할 수 있는 신용카드를 준비해 가는 것이 좋다. 진료와 검사가 끝나면 회계 창구로 가 돈을 지불한다. 의사가 처방전을 써주었다면 약국에 제출하고 약을 받는다. 접수할 때 누구의 소개로 왔는지, 소개장을 가지고 왔는지를 물어보는데 이것이 우리나라와 다른 점이다. 주변 사람들의 평가나 의견을 중요시하는 일본 사람들의 전형적인 모습이 엿보이는 부분이다.

Tip
외국인을 위한 의료정보센터

AMDA 국제의료정보센터
1991년 설립된 민간단체로 일본어를 모르는 외국인이 원활한 의료 서비스를 받을 수 있도록 여러 가지 의료 정보를 제공하고 있다. 도쿄와 오사카에 있으며 의료, 복지 제도의 전문가 및 통역가가 전화 상담을 통해 일본의 병원 의료 시스템에 대해 설명해준다. 이곳을 통해 한국어나 영어가 통하는 병원과 의사도 소개받을 수 있다.
영업 월~금요일 09:00~17:00
전화 03-5285-8088
홈피 amda-imic.com/oldpage/foreign/korean/K-index.html

으사와 대화할 때

A 어디가 안 좋습니까?

どこが悪いんですか。

도코가 와루인데스까

B 배 / 머리 / 눈 / 귀 / 이가 아파요.

お腹/頭/目/耳/歯が痛いんです。

오나카/아타마/메/미미/하가 이따인데스

A 언제부터 아픈가요?

いつから痛いんですか。

이츠카라 이따인데스까

B 어젯밤 / 오늘 아침부터요.

昨日の夜/今朝からです。

키노-노 요루/케사까라데스

◆ 열은 있나요? / 설사는 하나요?

熱はありますか。/下痢はしますか。

네츠와 아리마스까 / 게리와 시마스까

◆ 예. / 아니요.

はい。/いいえ。

하이 / 이-에

◆ 구역질은요?

吐き気はしますか。

하키케와 시마스까

◆ 예, 어젯밤 조금 토했어요.

はい、夕べ少し吐きました。

하이 유-베 스코시 하키마시따

◆ 약을 드릴 테니 식후 / 식전에 드세요.

薬を出しますから、食後/食前に飲んでください。

쿠스리오 다시마스까라 쇼쿠고/쇼쿠젠니 논데 쿠다사이

두통이 나다
頭痛がする
즈츠-가 스루

몸이 나른하다
体がだるい
카라다가 다루이

현기증이 나다
めまいがする
메마이가 스루

기침이 나다
咳きが出る
세키가 데루

알레르기가 있다
アレルギーがある
아레루기-가 아루

콧물이 나오다
鼻水が出る
하나미즈가 데루

코가 막히다
鼻がつまる
하나가 츠마루

속이 메슥거리다
胸がむかむかする
무네가 무카무카스루

오한이 나다
寒気がする
사무케가 스루

가렵다
かゆい
카유이

SITUATION 7-2

트래블 테크닉
약국 이용법

해외여행 시에는 감기약, 진통제, 해열제 등 기본적인 상비약을 챙겨 가는 것이 좋다. 일본어를 못할 경우 간단한 약조차 제대로 설명하기 힘들기 때문. 상비약을 준비하지 못했는데 몸이 아프다면 아스피린처럼 패키지만 보고도 알아볼 수 있는 기본적인 약은 드럭스토어에서 구입한다.

Step 1 약 구매

마츠모토키요시(マツモトキヨシ), 산도락구(サンドラッグ) 등의 드럭스토어에서 의약품을 구매할 수 있다. 아스피린, 반창고 등은 패키지만 봐도 알 수 있어 쉽게 찾을 수 있다. 하지만 아스피린 등으로 간단하게 해결할 수 없을 경우 약국을 찾아간다. 약사와 상담 후 병원을 찾아야 할 정도로 심각한 상황이라면 병원 이용 방법 등을 물어볼 수 있으니 더 좋다. 일본어가 원활하지 않을 시에는 앞서 소개한 국제의료정보센터(p.100)에 도움을 요청한다.

Step 2 여행 시 기본 상비약

일본에서는 국내처럼 약을 구입하기가 쉽지 않으므로 상비약은 꼭 챙겨 가도록 하자. 평소에 복용하는 약과 진통제, 소화제, 설사약, 감기약, 소독약, 1회용 밴드 등은 필수다. 여성 여행자 중에는 일본 여행을 떠나면서 지나치게 많은 생리대를 갖고 가는 경우가 있는데 그럴 필요는 없다. 일본의 편의점이나 약국 등 어디서나 손쉽게 구입할 수 있을 뿐더러 우리나라와 가격이 별반 차이가 없거나 더 저렴하다.

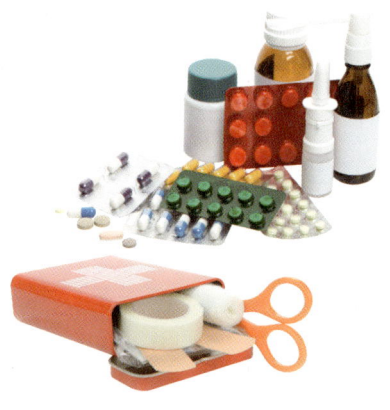

감기에 걸렸을 때

A 실례합니다, 감기약 주세요.
すみません、風邪薬ください。
스미마셍 카제구스리 쿠다사이

B 증상이 어떻죠?
どんな症状ですか。
돈나 쇼-죠-데스까

A 기침이 심하고 콧물이 나와요.
せきがひどくて、鼻水が出るんです。
세키가 히도쿠떼 하나미즈가 데룬데스

B 이걸 식후 30분에 두 알씩 드세요.
これを食後30分に２錠ずつ飲んでください。
코레오 쇼쿠고 산짓뿐니 니죠-즈츠 논데쿠다사이

배가 아플 때

A 배가 아픈데요.
お腹が痛いんですが。
오나카가 이따인데스가

B 과식했나요? 아니면 설사를 하나요?
食べすぎですか、それとも下痢をしていますか。
타베스기데스까 소레또모 게리오 시떼이마스까

눈이 아플 때

A 눈이 건조해서 아파요.
目が乾燥して痛いんです。
메가 칸소-시떼 이따인데스

B 이 안약을 하루 세 번 넣으세요.
この目薬を一日３回さしてください。
코노 메구스리오 이치니치 상카이 사시떼 쿠다사이

한국어	일본어	발음
해열제	解熱剤	게네츠자이
지사제	下痢止め	게리도메
두통약	頭痛薬	즈츠-야쿠
진통제	痛み止め	이타미도메
위장약	胃腸薬	이쵸-야쿠
기침약	せき止め	세키도메
멀미약	酔い止め	요이도메
습포약	湿布薬	싯뿌야쿠
가려움 방지약	かゆみ止め	카유미도메
바르는 약	ぬり薬	누리구스리

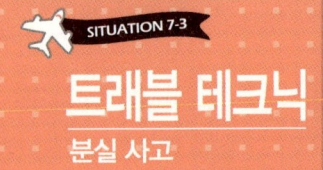

트래블 테크닉
분실 사고

외국에서 돈이나 물건을 잃어버리면 당황하지 말고 신속하게 대처하는 것이 중요하다. 여권을 분실했을 경우는 가능한 빨리 재발급 신청하고 신용카드는 즉시 분실 신고한다. 귀중품의 경우 여행자 보험에 가입했다면 소액이지만 보상받을 수 있다. 열차에 물건을 두고 내렸다면 역무원에게 열차 번호와 출발 시각, 행선지 등을 알려주면 찾을 수도 있다.

각종 분실 사고 시 대처법

여권 분실

가까운 경찰서에서 분실증명확인서를 받은 후 한국대사관이나 영사관에 가서 여권 분실 증명서와 여행증명서, 입국증명서를 발급받는다. 이때 여권용 사진 2장과 여권 번호, 발행일이 요하다. 입국 증명이 되지 않으면 출국할 수 없는 경우도 있으므로 입국증명서도 꼭 챙기자.

일본을 거쳐 다른 나라로 여행을 계속한다면 여행증명서를 발급받을 때 경유지란에 다음 목적지를 적어야 한다. 다음 여행지가 비자가 요한 곳이라면 현지에서 다음 여행국의 비자를 미리 받아두어야 한다. 처리 기간은 보통 2~3일, 길게는 1주일 정도 걸린다.

신용카드 분실

신용카드를 분실했을 경우 당황하지 말고 즉시 우리나라의 카드 회사에 전화를 걸어 분실 신고를 한 후 카드 사용을 정지시킨다. 자칫하면 피해가 커질 수 있으므로 항상 조심하는 것이 최선. 카드사의 연락처를 미리 챙겨 간다.

도난증명서 발급

여행자 보험에 가입했다면 귀중품을 도둑맞았을 때 보험금을 받을 수 있다. 이때 도난증명서와 보험증을 제시해야 한다. 도난증명서는 일본 경찰서에서 발급받는데 분실한 것이 아니라 도둑맞았다고 정확히 말해야 받을 수 있다.

> **Tip**
> ### 긴급 연락처
> 경찰서 110 / 화재 · 구급차 119
> 한국대사관 03-3452-7611/9,
> 03-6400-0736(휴일 긴급 시)
> KEB 하나은행 03-3216-3561
> 신한은행 03-4560-8017
> SC 제일은행 03-5511-1200
> 우리은행 03-6891-5600
> KB 국민은행 03-5657-0550
> 대한항공 06-6264-3311
> 아시아나항공 03-5812-6600
> 제주항공 0570-001-132
> 이스타항공 050-5520-6712
> 진에어 +82-1600-6200
> 티웨이 +82-1688-8686
> 일본항공 0570-025-121
> 전일본공수 0120-029-082

물건을 잃어버렸을 때

A 전철 안에 가방을 두고 내렸어요.
電車の中にバッグを置き忘れました。
덴샤노 나카니 박구오 오키와스레마시따

어디로 연락하면 되나요?
どこに連絡すればいいですか。
도코니 렌라쿠스레바 이이데스까

B 유실물 센터요.
遺失物センターです。
이시츠부츠 센타-데스

✚ 찾을 수 있을까요?
見つかるでしょうか。
미츠카루데쇼-까

✚ 역에서 지갑을 도둑맞았어요.
駅で財布を盗まれました。
에키데 사이후오 누스마레마시따

파출소에서

A 여권을 잃어버렸는데요.
パスポートを無くしたんですが。
파스포-토오 나쿠시딴데스가

B 여기 분실신고서를 작성해주세요.
こちらの紛失届を書いてください。
코치라노 훈시츠토도케오 카이떼 쿠다사이

A 연락처는 어디 주소로 적나요?
連絡先はどこの住所を書くんですか。
렌라쿠사키와 도코노 쥬-쇼오 카쿤데스까

B 호텔 / 한국 주소를 적으세요.
ホテル/韓国の住所を書いてください。
호테루/캉코쿠노 쥬-쇼오 카이떼 쿠다사이

지갑
財布
사이후

현금
現金
겡킹

가방
バッグ/カバン
박구/카방

신용카드
クレジットカード
크레짓토카-도

➕ 건강에 이상이 생겼을 때

- 다쳤어요.
  けがをしました。
  케가오 시마시따

- 몸이 안 좋아요.
  具合い/気分が悪いんです。
  구아이 / 키붕가 와루인데스

- 의사 / 구급차를 불러주세요.
  医者/救急車を呼んでください。
  이샤 / 큐―큐―샤오 욘데 쿠다사이

- 교통사고를 당했습니다.
  交通事故にあいました。
  코―츠―지코니 아이마시따

- 차에 치였어요.
  車に引かれました。
  쿠루마니 히카레마시따

- 화상을 입었어요.
  やけどをしました。
  야케도오 시마시따

- 손가락을 베었어요.
  指をきりました。
  유비오 키리마시따

- 발목을 삐었어요.
  足首を捻挫しました。
  아시쿠비오 넨자시마시따

➕ 도난 · 분실 사고

- 현금 / 가방을 도둑맞았어요.
  現金/カバンを盗まれました。
  겡킹/카방오 누스마레마시따

- 지갑을 소매치기 당했어요.
  財布をすられました。
  사이후오 스라레마시따

- 가방을 전철에 두고 내렸어요.
  カバンを電車の中に忘れました。
  카방오 덴샤노 나카니 와스레마시따

활용 단어

강도 強盗 고―토―	치한 痴漢 치캉
날치기 ひったくり 힛따쿠리	소매치기 すり 스리
뺑소니 ひき逃げ 히키니게	스토커 ストーカー 스토―카―
들치기 置き引き 오키비키	사기 詐欺 사기

● 경찰을 불러주세요.

警察を呼んでください。

케-사츠오 욘데 쿠다사이

● 도와주세요!

たすけて!

타스케떼

● 도둑이야!

どろぼう!

도로보-

● (도둑) 잡아주세요!

捕まえて!

츠카마에떼

● 불이야!

火事だ!

카지다

● 위험해!

あぶない!

아부나이

● 저리 개

あっち行け!

앗치 이케

● 필요 없어!

いらない!

이라나이

● 따라오지 마!

ついて来るな!

츠이떼 쿠루나

● 나개!

出て行け!

데떼 이케

● 하지 마!

やめろ!(남자) / やめて!(여자)

야메로 / 야메떼

● 돌려줘!

返せ!(남자) / 返して!(여자)

카에세 / 카에시떼

● 놔!

離せ!(남자) / 離して!(여자)

하나세 / 하나시떼

● 비켜!

どけ!(남자) / どいて!(여자)

도케 / 도이떼

활용 단어

지진	태풍	호우	홍수
地震	台風	大雨	洪水
지싱	타이후-	오-아메	코-즈이
쓰나미(해일)	산사태	대설	눈사태
津波	山崩れ	大雪	雪崩
츠나미	야마쿠즈레	오-유키	나다레

일본에서 바로 쓰는

기초 회화

히라가나 모르는 일본어 초짜라도
이 정도 표현은 알아두는 게 좋다.
활용도 높은 기본적인 일상 회화와
알아두면 좋은 표현을 소개한다.
각 상황별 활용 단어까지
꼼꼼하게 체크한 일본어 기초 가이드북.

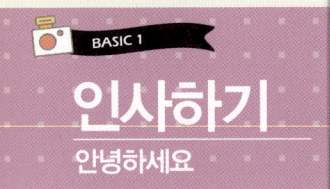

BASIC 1
인사하기
안녕하세요

기초 인사

● **안녕하세요(아침 인사).**
おはようございます。
오하요−고자이마스
※ 친한 사이일 때는 「おはよう」(안녕)라고만 해도 된다.

● **안녕하세요(낮 인사).**
こんにちは。
콘니치와

● **안녕하세요(저녁 인사).**
こんばんは。
콤방와

● **다녀오겠습니다.**
いってきます。
잇떼키마스

● **잘 다녀오세요.**
いってらっしゃい。
잇떼랏샤이

● **안녕히 계세요[안녕히 가세요].**
さようなら。
사요−나라

● **안녕.**
じゃね。
쟈네

● **또 만나.**
またね。
마따네

● **고맙습니다.**
ありがとうございます。
아리가또−고자이마스

● **고마워.**
ありがとう。/サンキュー。
아리가또− / 상큐−

● **천만에요.**
どういたしまして。
도−이타시마시떼

● **아니에요. / 괜찮아.**
いえいえ。/いいよ。
이에이에 / 이−요

● **잘 먹겠습니다.**
いただきます。
이타다키마스

● **잘 먹었습니다.**
ごちそうさまでした。
고치소−사마데시따

- 안녕히 주무세요.
  おやすみなさい。
  우야스미나사이
  ※ 친한 사이일 때는 「おやすみ」(잘 자)라고 만해도 된다.

- 다녀왔습니다.
  ただいま。
  타다이마

- 잘 다녀오셨어요.
  おかえりなさい。
  오카에리나사이

사과하기

A 죄송합니다[미안합니다].
すみません。
스미마셍

失礼しました。
시츠레―시마시따

ごめんさい。
고멘나사이

B₁ 아니요, 괜찮습니다. / 괜찮아요.
いいえ、大丈夫です。/いいですよ。
이―에 다이죠―부데스 이―데스요

B₂ 아니요, 신경 쓰지 마세요.
いいえ、気にしないでください。
이―에 키니시나이데 쿠다사이

오랜만에 만났을 때

A 오랜만이네요. 잘 지내시죠?
お久しぶりです。お元気ですか。
오히사시부리데스 오겡끼데스까

B₁ 네, 덕분에요.
ええ、おかげさまで。
에― 오카게사마데

B₂ 그럭저럭 잘 지내요.
まあまあ元気です。
마―마― 겡끼데스

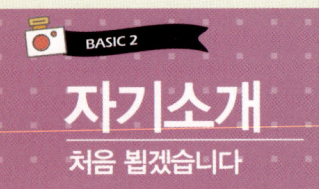

자기소개
처음 뵙겠습니다

A 처음 뵙겠습니다. ○○입니다.
はじめまして。○○です。
하지메마시떼 ○○데스

잘 부탁드립니다.
よろしくお<ruby>願<rt>ねが</rt></ruby>いします。
요로시쿠 오네가이시마스

※ 손아랫사람에게는「よろしく」(잘 부탁해)라고만 해도 된다.

B 저야말로 잘 부탁드립니다.
こちらこそ、よろしくお<ruby>願<rt>ねが</rt></ruby>いします。
코치라코소 요로시쿠 오네가이시마스

A 어디에서(오셨어요)?
どちらから。
도치라까라

B 한국에서 왔어요.
<ruby>韓国<rt>かんこく</rt></ruby>から<ruby>来<rt>き</rt></ruby>ました。
캉코쿠까라 키마시따

A 무슨 일 하세요?
お<ruby>仕事<rt>し ごと</rt></ruby>は<ruby>何<rt>なん</rt></ruby>ですか。
오시고토와 난데스까

B 회사원이에요.
<ruby>会社員<rt>かい しゃ いん</rt></ruby>です。
카이샤잉데스

A 만나 뵙게 되어 기뻐요.
お<ruby>会<rt>あ</rt></ruby>いできてうれしいです。
오아이데키떼 우레시-데스

B 저도 기뻐요.
<ruby>私<rt>わたし</rt></ruby>もうれしいです。
와타시모 우레시-데스

활용 단어

학생	주부	자영업	프리랜서	공무원	디자이너
<ruby>学生<rt>がく せい</rt></ruby>	<ruby>主婦<rt>しゅ ふ</rt></ruby>	<ruby>自営業<rt>じ えいぎょう</rt></ruby>	フリーランサー	<ruby>公務員<rt>こう む いん</rt></ruby>	デザイナー
각세-	슈후	지에-교-	후리-란사-	코-무잉	데자이나-

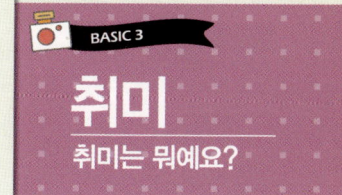

A 취미는 뭐예요?
趣味は何ですか。
_{しゅ み} _{なん}
슈미와 난데스까

B 음악감상이에요.
音楽鑑賞です。
_{おんがく かんしょう}
옹가쿠칸쇼—데스

A 쉬는 날은 뭐해요?
休みの日は何をしますか。
_{やす} _ひ _{なに}
야스미노 히와 나니오 시마스까

B 영화를 보거나 쇼핑을 해요.
映画を見たり、買い物をしたりします。
_{えい が} _み _{か もの}
에—가오 미따리 카이모노오 시따리 시마스

A 일본의 어떤 것에 관심이 있어요?
日本の何に興味がありますか。
_{に ほん} _{なに} _{きょう み}
니혼노 나니니 쿄—미가 아리마스까

B 연예인이나 일본 애니메이션이요.
芸能人やアニメです。
_{げいのうじん}
게—노—징야 아니메데스

활용 단어

여행	독서	낚시	재즈 댄스	요리
旅行 _{りょこう}	読書 _{どくしょ}	つり	ジャズダンス	料理 _{りょう り}
료코—	도쿠쇼	츠리	쟈즈단스	료—리
스키	스노보드	등산	수영	드라이브
スキー	スノーボード	山登り _{やまのぼ}	水泳 _{すい えい}	ドライブ
스카—	스노—보—도	야마노보리	스이에—	도라이브
하이킹	장기	바둑	뜨개질	맛집 탐방
ハイキング	将棋 _{しょう ぎ}	囲碁 _{い ご}	あみもの	食べ歩き _{た ある}
하이킹구	쇼—기	이고	아미모노	타베아루키

113

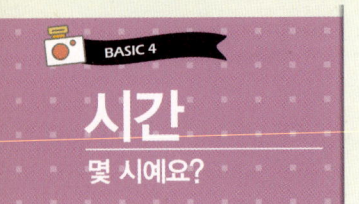

시간
몇 시예요?

A 지금 몇 시예요?
今、何時ですか。
いま　なんじ
이마 난지데스까

B 오후 3시 45분이에요.
午後3時45分です。
ご　ごさんじ　よんじゅうごふん
고고 산지 욘쥬―고훈데스

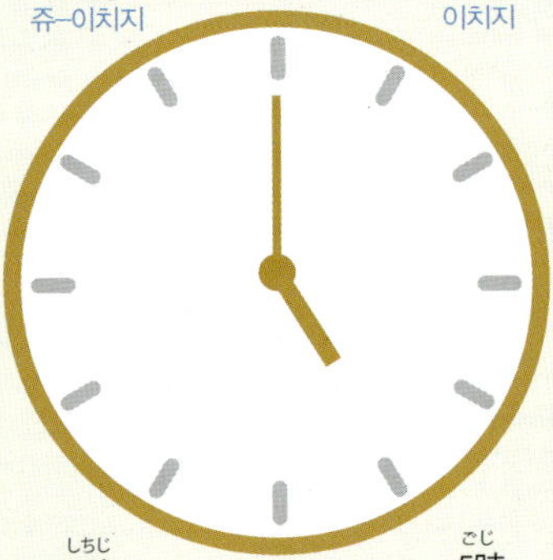

60分
ろくじっぷん
로쿠짓뿡

55分
ごじゅうごふん
고쥬―고홍

5分
ごふん
고홍

12時
じゅうにじ
쥬―니지

11時
じゅういちじ
쥬―이치지

1時
いちじ
이치지

10分
じっぷん
짓뿡(줏뿡)

50分
ごじっぷん
고짓뿡

10時
じゅうじ
쥬―지

2時
にじ
니지

45分
よんじゅうごふん
욘쥬―고홍

9時
くじ
쿠지

3時
さんじ
산지

15分
じゅうごふん
쥬―고홍

8時
はちじ
하치지

4時
よじ
요지

40分
よんじっぷん
욘짓뿡

20分
にじっぷん
니짓뿡

7時
しちじ
시치지

6時
ろくじ
로쿠지

5時
ごじ
고지

35分
さんじゅうごふん
산쥬―고홍

30分
さんじっぷん
산짓뿡

25分
にじゅうごふん
니쥬―고홍

활용 단어

몇 시	몇 분	새벽	이른 아침	아침	점심
何時 なんじ 난지	何分 なんぷん 남뿡	明け方 あ　がた 아케가타	早朝 そうちょう 소―쵸―	朝 あさ 아사	昼 ひる 히루
저녁	밤	한밤중	오전	오후	정오
夕方 ゆうがた 유―가타	夜 よる 요루	夜中 よなか 요나카	午前 ごぜん 고젠	午後 ごご 고고	正午 しょうご 쇼―고

숫자

하나, 둘, 셋…

0	ゼロ/れい 제로/레-	11	じゅういち 쥬-이치
1	いち 이치	12	じゅうに 쥬-니
2	に 니	20	にじゅう 니쥬-
3	さん 상	100	ひゃく 햐쿠
4	よん/し 용/시	200	にひゃく 니햐쿠
5	ご 고	300	さんびゃく 삼뱌쿠
6	ろく 로쿠	600	ろっぴゃく 록빠쿠
7	なな/しち 나나/시치	800	はっぴゃく 핫빠쿠
8	はち 하치	1000	せん 셴
9	きゅう/く 큐-/쿠	3000	さんぜん 산젠
10	じゅう 쥬-	8000	はっせん 핫셴

활용 단어

| 하나, 1개
ひとつ
히토츠 |
| 둘, 2개
ふたつ
후타츠 |
| 셋, 3개
みっつ
밋츠 |
| 넷, 4개
よっつ
욧츠 |
| 다섯, 5개
いつつ
이츠츠 |
| 여섯, 6개
むっつ
뭇츠 |
| 일곱, 7개
ななつ
나나츠 |
| 여덟, 8개
やっつ
얏츠 |
| 아홉, 9개
ここのつ
코코노츠 |
| 열, 10개
とお
토- |

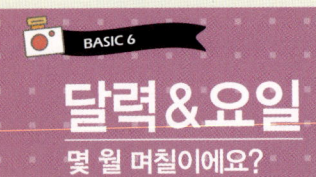

달력 & 요일
몇 월 며칠이에요?

A 오늘은 몇 월 며칠이에요?

今日は何月何日ですか。
<ruby>今日<rt>きょう</rt></ruby>は<ruby>何月何日<rt>なんがつ なんにち</rt></ruby>ですか。

쿄―와 낭가츠 난니치데스까

B 6월 24일이에요.

6月24日です。
<ruby>6月24日<rt>ろくがつにじゅうよっか</rt></ruby>です。

로쿠가츠 니쥬―욧카데스

활용 단어

그저께	어제	오늘	내일	모레	지지난주
おととい	昨日 (きのう)	今日 (きょう)	明日 (あした)	あさって	先々週 (せんせんしゅう)
오토토이	키노―	쿄―	아시타	아삿떼	센센슈―
지난주	이번 주	다음 주	다다음 주	지난달	이번 달
先週 (せんしゅう)	今週 (こんしゅう)	来週 (らいしゅう)	再来週 (さらいしゅう)	先月 (せんげつ)	今月 (こんげつ)
센슈―	콘슈―	라이슈―	사라이슈―	셍게츠	콩게츠
다음 달	다다음 달	재작년	작년	올해	내년
来月 (らいげつ)	再来月 (さらいげつ)	一昨年 (おととし)	去年 (きょねん)	今年 (ことし)	来年 (らいねん)
라이게츠	사라이게츠	오토토시	쿄넹	코토시	라이넹

월요일	화요일	수요일	목요일
月曜日 (げつようび)	火曜日 (かようび)	水曜日 (すいようび)	木曜日 (もくようび)
게츠요―비	카요―비	스이요―비	모꾸요―비
1日 ついたち 츠이타치	2日 ふつか 후츠카	3日 みっか 밋카	4日 よっか 욧카
8日 ようか 요―카	9日 ここのか 코코노카	10日 とおか 토―카	11日 じゅういちにち 쥬―이치니치
15日 じゅうごにち 쥬―고니치	16日 じゅうろくにち 쥬―로쿠니치	17日 じゅうしちにち 쥬―시치니치	18日 じゅうはちにち 쥬―하치니치
22日 にじゅうににち 니쥬―니니치	23日 にじゅうさんにち 니쥬―산니치	24日 にじゅうよっか 니쥬―욧카	25日 にじゅうごにち 니쥬―고니치
29日 にじゅうくにち 니쥬―쿠니치	30日 さんじゅうにち 산쥬―니치	31日 さんじゅういちにち 산쥬―이치니치	

1月	2月	3月	4月
いちがつ 이치가츠	にがつ 니가츠	さんがつ 상가츠	しがつ 시가츠
12月 じゅうにがつ 쥬ー니가츠	겨울 ふゆ 冬 후유	봄 はる 春 하루	5月 ごがつ 고가츠
11月 じゅういちがつ 쥬ー이치가츠	가을 あき 秋 아키	여름 なつ 夏 나츠	6月 ろくがつ 로쿠가츠
10月 じゅうがつ 쥬ー가츠	9月 くがつ 쿠가츠	8月 はちがつ 하치가츠	7月 しちがつ 시치가츠

 ■월／■

 ■일／■

금요일 きんよう び 金曜日 킹요ー비	토요일 ど よう び 土曜日 도요ー비	일요일 にちよう び 日曜日 니찌요ー비
5日 いつか 이츠카	6日 むいか 므이카	7日 なのか 나노카
12日 じゅうににち 쥬ー니니치	13日 じゅうさんにち 쥬ー산니치	14日 じゅうよっか 쥬ー욧카
19日 じゅうくにち 쥬ー쿠니치	20日 はつか 하츠카	21日 にじゅういちにち 니쥬ー이치니치
26日 にじゅうろくにち 니쥬ー로쿠니치	27日 にじゅうしちにち 니쥬ー시치니치	28日 にじゅうはちにち 니쥬ー하치니치

날씨
날씨가 좋네요

A 오늘은 덥군요.
今日は暑いですね。
きょう あつ
쿄–와 아츠이데스네

B 정말 무덥네요.
本当に蒸し暑いですね。
ほんとう む あつ
혼또–니 무시아츠이데스네

A 날씨가 좋네요.
いい天気ですね。
てんき
이– 텡키데스네

B 포근해서 기분이 좋네요.
ぽかぽかして気持ちがいいですね。
き も
포카포카시떼 키모치가 이–데스네

비
あめ
雨
아메

눈
ゆき
雪
유키

소나기
あめ
にわか雨
니와카아메

천둥
かみなり
雷
카미나리

번개
いなずま
이나즈마

태풍
たいふう
台風
타이후–

폭설
おおゆき
大雪
오–유키

폭우
おおあめ
大雨
오–아메

활용 단어

따뜻하다	선선하다
あたた 暖かい 아타타카이	すず 涼しい 스즈시–
춥다 さむ 寒い 사무이	쌀쌀하다 はださむ 肌寒い 하다사무이
바람이 강하다 かぜ つよ 風が強い 카제가 츠요이	맑음 は 晴れ 하레
흐림 くも 曇り 쿠모리	흐린 뒤 맑음 くも は 曇りのち晴れ 쿠모리 노치 하레
맑거나 가끔 흐림 は ときどきくも 晴れ時々曇り 하레 토키도키 쿠모리	맑거나 한때 비 は いちじ あめ 晴れ一時雨 하레 이치지 아메

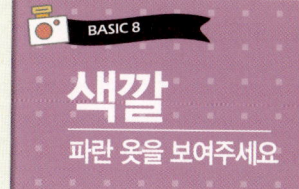

색깔
파란 옷을 보여주세요

A 저 파란색 블라우스 보여주세요.

あの青のブラウスを見せてください。

아노 아오노 브라우스오 미세떼 쿠다사이

B 예, 여기 있습니다.

はい、どうぞ。

하이 도–조

A 다른 색은 없나요?

他の色はありませんか。

호카노 이로와 아리마셍까

B 하얀색과 검정색이 있습니다.

白と黒があります。

시로또 쿠로가 아리마스

활용 단어

짙은 색 ↔ 옅은 색		밝은 색 ↔ 어두운 색	
濃い色 ↔ 薄い色		明るい色 ↔ 暗い色	
코이 이로 우스이 이로		아까루이 이로 쿠라이 이로	
빨강	**다홍**	**하늘색**	**회색**
赤	紅	水色	グレー
아카	쿠레나이	미즈이로	그레–
주황색	**갈색**	**피부색**	**감색**
橙色	茶色	肌色	こん
다이다이이로	챠이로	하다이로	콩
노란색	**핑크**	**오렌지**	**연분홍색**
黄色	ピンク	オレンジ	桜色
키–로	핑크	오렌지	사쿠라이로
녹색	**베이지**	**보라**	**카키**
緑	ベージュ	紫	カーキ
미도리	베–쥬	무라사키	카–키이로

BASIC 8

119

감정 표현
친절한 사람입니다

A　○○씨는 어떤 사람입니까?

○○さんはどんな人ですか。
상와 돈나 히토데스까

B　자상한 사람입니다.

やさしい人です。
야사시— 히토데스

활용 단어

밝은 明るい 아카루이	재미있는 おもしろい 오모시로이	남을 배려하는 思いやりのある 오모이야리노아루
수다스러운 おしゃべりな 오샤베리나	재미없는 つまらない 츠마라나이	제멋대로인 わがまま 와가마마나
친절한 親切な 신세츠나	성실한 まじめな 마지메나	순수한 素直な 스나오나
엄격한 きびしい 키비시—	무책임한 いい加減な 이—카겐나	완고한 頑固な 강코나
조용한 静かな 시즈카나	말이 없는 無口 무쿠치나	예의 바른 礼儀正しい 레—기타다시—
소탈한 気さくな 키사쿠나	심술궂은 意地悪な 이지와루나	건방진 生意気な 나마이키나

A 이거 어떻게 생각해?
これどう思う。
코레 도― 오모우

B 예쁘다.
かわいい。
카와이―

A 고향의 가족이 그립지 않으세요?
国の家族が恋しくないですか。
쿠니노 카조쿠가 코이시쿠 나이데스까

B 네, 정말 보고 싶어요.
ええ、とても会いたいです。
에― 토떼모 아이따이데스

활용 단어

기쁘다	슬프다	불쾌감이 들다
うれしい	かなしい	いやらしい
우레시―	카나시―	이야라시―
즐겁다	안타깝다	기분 나쁘다
楽しい	せつない	気持ち悪い
타노시―	세츠나이	키모치와루이
행복하다	무섭다	허무하다
幸せだ	こわい	むなしい
시아와세다	코와이	무나시―
좋아하다	싫어하다	괴롭다
好きだ	嫌いだ	つらい
스키다	키라이다	츠라이
귀찮다	열받다	속이 타다
面倒だ	ムカつく	じれったい
멘도―다	무카츠쿠	지렛따이
부럽다	쓸쓸하다	멋지다
うらやましい	さびしい	かっこいい
우라야마시―	사비시―	캇꼬이―

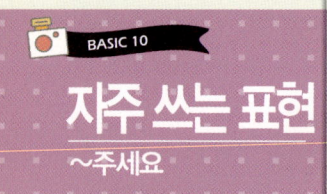

자주 쓰는 표현
~주세요

A₁ 저것을 주세요.

あれをください。
아레오쿠다사이

A₂ 환불해주세요.

払い戻してください。
하라이모도시떼쿠다사이

활용 단어

역 매점에서

이것
これ
코레

과일 가게에서

사과
りんご
링고

~(을/를) 주세요
~(を)ください
~(오) 쿠다사이

약국에서

감기약
風邪薬
카제구스리

음식점에서

라멘
ラーメン
라-멘

역 매점에서	약국에서	과일 가게에서	음식점에서
신문 しんぶん 新聞 심붕	위장약 いぐすり 胃薬 이구스리	귤 みかん 미깡	정식 ていしょく 定食 테-쇼쿠
잡지 ざっし 雑誌 잣시	두통약 ず つうやく 頭痛薬 즈츠-야쿠	멜론 メロン 메론	와인 ワイン 와인
캔커피 かん 缶コーヒー 캉코-히-	진통제 ど いたみ止め 이따미도메	포도 ぶどう 부도-	찬물 ひや お冷 오히야
도시락 べんとう お弁当 오벤토-	기침약 ど せき止め 세끼도메	감 かき 카키	따뜻한 물 ゆ お湯 오유
담배 タバコ 타바코	안약 めぐすり 目薬 메구스리	배 なし 나시	한 그릇 더 추가(해) おかわり(して) 오카와리(시떼)

~(해)주세요
~(て)ください
~(떼) 쿠다사이

백화점에서

보여
見せて
미세떼

호텔에서

샤워기를 고쳐
シャワーを直して
샤와-오 나오시떼

택시에서

~에 가
~に行って
니 잇떼

긴급 상황 시

도와
たすけて
타스케떼

백화점에서	가전제품 매장에서	택시에서	체크인 카운터에서
봉투에 넣어 袋に入れて 후쿠로니 이레떼	설명해 説明して 세츠메-시떼	돌아 曲がって 마갓떼	창가 좌석으로 해 窓側にして 마도가와니 시떼
포장해 包んで 츠츤데	배달해 届けて 토도케떼	세워 止めて 토메떼	복도 좌석으로 해 通路側にして 츠-로가와니 시떼
교환해 取り替えて 토리카에떼	깎아 まけて 마케떼	트렁크를 열어 トランクを開けて 토랑크오 아케떼	예약을 변경해 予約を変更して 요야쿠오 헹코-시떼

호텔에서	거리에서	음식점에서	긴급 상황
방을 바꿔 部屋を替えて 헤야오 카에떼	길을 가르쳐 道を教えて 미치오 오시에떼	메뉴를 보여 メニューを見せて 메뉴-오 미세떼	의사를 불러 医者を呼んで 이샤오 욘데
가방을 보관해 カバンを預かって 카방오 아즈캇떼	사진을 찍어 写真を撮って 샤싱오 톳떼	데워 あたためて 아타타메떼	구급차를 불러 救急車を呼んで 큐-큐-샤오 욘데
6시에 깨워 6時に起こして 로쿠지니 오코시떼	지도를 그려 地図を書いて 치즈오 카이떼	치워 さげて 사게떼	경찰에 신고해 110番して 햐쿠토-방시떼

한 마디로 끝내는
스피드 단어

단어만 알아도 표현하고자 하는 내용의 반은 전달할 수 있다.
ㄱ부터 ㅎ까지 사전 순서대로 나열한 핵심 일본 단어 2000개.
원하는 단어를 손쉽게 찾을 수 있는 미니 한일사전.

가격 価格(かかく) 카카쿠 / 値段(ねだん) 네당
가격표 値札(ねふだ) 네후다
가깝다 近(ちか)い 치카이
가끔 時々(ときどき) 토키도키
가늘다 細(ほそ)い 호소이
가능 可能(かのう) 카노ー
가다 行(い)く 이쿠
가렵다 かゆい 카유이
가로 横(よこ) 요코
가르치다 教(おし)える 오시에루
가리키다 指(さ)す 사스
가방 カバン 카방
가벼운 식사 軽食(けいしょく) 케ー쇼쿠
가볍다 軽(かる)い 카루이
가수 歌手(かしゅ) 카슈
가슴 胸(むね) 무네
가시다 いらっしゃる 이랏샤루
가운데 中(なか) 나카
가위 はさみ 하사미
가을 秋(あき) 아키
가이드 ガイド 가이도
가이드북 ガイドブック 가이도북쿠
가장 가까운 역 最寄(もよ)り駅(えき)
　　　　　 모요리에키
가족 家族(かぞく) 카조쿠
가족 동반 家族連(かぞくづ)れ 카조쿠즈레
가지 なす 나스
가짜 偽物(にせもの) 니세모노
각 역 정차 各駅停車(かくえきていしゃ)
　　　　　 카쿠에키테ー샤
각자 부담 割(わ)り勘(かん) 와리캉
간단하다 簡単(かんたん)だ 칸탄다
간장 醤油(しょうゆ) 쇼ー유
간판 看板(かんばん) 캄방
간호사 看護師(かんごし) 캉고시

갈비 カルビ 카루비
갈색 茶色(ちゃいろ) 차이로
갈아타다 乗(の)り換(か)える 노리카에루
감 かき 카키
감기약 風邪薬(かぜぐすり) 카제구스리
감상 感想(かんそう) 칸소ー
감색 紺色(こんいろ) 콩이로
감정 感情(かんじょう) 칸죠ー
감탄하다 感心(かんしん)する 칸신스루
강 川(かわ) 카와
강도 強盗(ごうとう) 고ー토ー
강하다 強(つよ)い 츠요이
갖고 싶다 ほしい 호시ー
같다 同(おな)じだ 오나지다
같이 一緒(いっしょ)に 잇쇼니
개 犬(いぬ) 이누
개관시간 開館時間(かいかんじかん)
　　　　　 카이칸지캉
개인 個人(こじん) 코징
개점 開店(かいてん) 카이텡
개찰구 改札口(かいさつぐち) 카이사츠구치
거기 そこ 소코
거리 街(まち) 마치
거리 距離(きょり) 쿄리
거부 拒否(きょひ) 쿄히
거부하다 拒(こば)む 코바무
거스름돈 おつり 오츠리
거실 居間(いま) 이마
거울 鏡(かがみ) 카가미
거절하다 断(ことわ)る 코토와루
거짓말 うそ 우소
거짓말쟁이 うそつき 우소츠키
걱정하다 心配(しんぱい)する 심빠이스루
건강식품 健康食品(けんこうしょくひん)
　　　　　 켕코ー쇼쿠힝
건너다 渡(わた)る 와타루
건너편 向(む)こう 무코ー

건널목 踏(ふ)み切(き)り 후미키리
건네다 渡(わた)す 와타스
건물 建物(たてもの) 타테모노
건방지다 生意気(なまいき)だ 나마이키다
건배 カンパイ 캄빠이
건전지 電池(でんち) 덴치
건조 感想(かんそう) 칸소-
걷다 歩(ある)く 아루쿠
걸다(전화를) かける 카케루
검정 黒(くろ) 쿠로
게 カニ 카니
게임 소프트 ゲームソフト 게-무소후토
게자리 かに座(ざ) 카니자
겨울 冬(ふゆ) 후유
겨울방학 冬休(ふゆやす)み 후유야스미
겨자 からし 카라시
견본 見本(みほん) 미홍
결정하다 決(き)める 키메루
결혼 結婚(けっこん) 켁꽁
경기 景気(けいき) 케-키
경로석 優先席(ゆうせんせき) 유-센세키 /
            シルバーシート 시루바-시-토
경우 場合(ばあい) 바아이
경찰 警察(けいさつ) 케-사츠
경찰관 警察官(けいさつかん) 케-사츠캉 /
            お巡(まわ)りさん 오마와리상
경치 景色(けしき) 케시키
경험 経験(けいけん) 케-켕
계기 きっかけ 킼카케
계단 階段(かいだん) 카이당
계란 玉子(たまご) 타마고
계란프라이 目玉焼(めだまや)き 메다마야키
계산 勘定(かんじょう) 칸죠-
계산대 レジ 레지
계속하다 続(つづ)ける 츠즈케루
계시다 いらっしゃる 이랏샤루
계절 季節(きせつ) 키세츠

고등어 さば 사바
고등학교 高校(こうこう) 코-코-
고르다 選(えら)ぶ 에라부
고양이 ねこ 네코
고장 故障(こしょう) 코쇼-
고장나다 壊(こわ)れる 코와레루
고춧가루 唐辛子(とうがらし) 토-가라시
고혈압 高血圧(こうけつあつ) 코-케츠아츠
곡선 曲線(きょくせん) 쿄쿠센
곧장 まっすぐ 맛스구
골목 路地(ろじ) 로지
골절 骨折(こっせつ) 콧세츠
골프 ゴルフ 고루후
곱빼기 大盛(おおも)リ 오-모리
공기 空気(くうき) 쿠-키
공무원 公務員(こうむいん) 코-무잉
공복 空腹(くうふく) 쿠-후쿠
공원 公園(こうえん) 코-엥
공중목욕탕 銭湯(せんとう) 센토-
공중전화 公衆電話(こうしゅうでんわ)
            코-슈-뎅와
공항 空港(くうこう) 쿠-코-
과거 過去(かこ) 카코
과세 課税(かぜい) 카제-
과식 食(た)べすぎ 타베스기
과음 飲(の)みすぎ 노미스기
과일 果物(くだもの) 쿠다모노
과자 お菓子(かし) 오카시
관광 観光(かんこう) 캉코-
관광 팸플릿 観光(かんこう)パンフレット
            캉코- 팜후렛또
관광객 観光客(かんこうきゃく) 캉코-캬쿠
관광지도 観光地図(かんこうちず) 캉코-치즈
관광 투어 観光(かんこう)ツアー 캉코-츠아-
관련 関連(かんれん) 칸렌
괜찮다 大丈夫(だいじょうぶ)だ 다이죠-부다
괴롭다 つらい 츠라이

교복 制服(せいふく) 세-후쿠

교사 教師(きょうし) 쿄-시

교수 教授(きょうじゅ) 쿄-쥬

교통사고 交通事故(こうつうじこ) 코-츠-지코

교통정체 渋滞(じゅうたい) 쥬-타이

교환권 引換券(ひきかえけん) 히키카에켕

교환하다 取(と)り替(か)える 토리카에루

구경 見物(けんぶつ) 켐부츠

구급차 救急車(きゅうきゅうしゃ) 큐-큐-샤

구두 くつ 쿠츠

구두쇠 ケチ 케치

구름 雲(くも) 쿠모

구멍 穴(あな) 아나

구석 すみ 스미

구역질 吐(は)き気(け) 하키케

• 구청 区役所(くやくしょ) 쿠야쿠쇼

국가번호 国番号(くにばんごう) 쿠니방고-

국내선 国内線(こくないせん) 코쿠나이셍

국적 国籍(こくせき) 콕세키

국제선 国際線(こくさいせん) 콕사이셍

국제전화 国際電話(こくさいでんわ) 콕사이뎅와

굵다 太(ふと)い 후토이

굽다 焼(や)く 야쿠

권리 権利(けんり) 켄리

귀 耳(みみ) 미미

귀걸이 イヤリング 이야링구

귀국 帰国(きこく) 키코쿠

귀찮다 面倒(めんどう)だ 멘도-다

규칙 規則(きそく) 키소쿠

귤 みかん 미캉

그것 それ 소레

그램 グラム 그라무

그럭저럭 まあまあ 마-마-

그럼 じゃ 쟈

그림 絵(え) 에

그림엽서 絵(え)はがき 에하가키

그림자 影(かげ) 카게

그립다 恋(こい)しい 코이시-

그만두다 止(や)める 야메루

그저께 おととい 오토토이

그쪽 そっち 솟치 / そちら 소치라

근무하다 勤(つと)める 츠토메루

근육통 筋肉痛(きんにくつう) 킨니쿠츠-

근처 近(ちか)く 치카쿠

글자가 깨짐 文字化(もじば)け 모지바케

금 金(きん) 킹

금붕어 金魚(きんぎょ) 킹교

금속 金属(きんぞく) 킨조쿠

금연석 禁煙席(きんえんせき) 킹엥세키

금요일 金曜日(きんようび) 킹요-비

금지 禁止(きんし) 킨시

급하다 急(いそ)ぐ 이소구

급한 일 急用(きゅうよう) 큐-요-

급행 急行(きゅうこう) 큐-코-

긍정적임 前向(まえむ)き 마에무키

기계 機械(きかい) 키카이

기내 機内(きない) 키나이

기내식 機内食(きないしょく) 키나이쇼쿠

기다리다 待(ま)つ 마츠

기름기가 많다 あぶらっこい 아부랏꼬이

기모노 着物(きもの) 키모노

기분 気持(きも)ち 키모치

기분 나쁘다 気持(きも)ち悪(わる)い 키모치와루이

기뻐하다 喜(よろこ)ぶ 요로코부

기쁘다 うれしい 우레시-

기숙사 寮(りょう) 료-

기억하다 覚(おぼ)える 오보에루

기온 気温(きおん) 키옹

기입 記入(きにゅう) 키뉴-

기자 記者(きしゃ) 키샤

기장 丈(たけ) 타케

128

기절하다 気(き)を失(うしな)う 키오 우시나우
기침 せき 세키
기침약 せき止(ど)め 세키도메
기타 ギター 기타ー
긴급 緊急(きんきゅう) 킹큐ー
긴장하다 緊張(きんちょう)する 킨쵸ー스루
긴팔 長(なが)そで 나가소데
길 道(みち) 미치
길다 長(なが)い 나가이
길 안내 道案内(みちあんない) 미치안나이
길을 잃다 道(みち)に迷(まよ)う 미치니 마요우
길이 長(なが)さ 나가사
김치 キムチ 키무치
김치찌개 キムチ鍋(なべ) 키무치나베
깊다 深(ふか)い 후카이
까마귀 烏(からす) 카라스
까맣다 黒(くろ)い 쿠로이
~까지 ~まで ~마데
깎아주다(가격 등을) まける 마케루
깨끗하다 きれいだ 키레ー다
깨우다 起(お)こす 오코스
깨지는 물건 壊(こわ)れ物(もの) 코와레모노
깨지다 割(わ)れる 와레루
껌 ガム 가무
꼭 끼다(등이) きつい 키츠이
꽃 花(はな) 하나
꽃가루 알레르기 花粉症(かふんしょう)
　　　　카훈쇼ー
꽃구경 花見(はなみ) 하나미
꽃꽂이 生(い)け花(ばな) 이케바나
꽃다발 花束(はなたば) 하나타바
꽃잎 花(はな)びら 하나비라
꽃집 花屋(はなや) 하나야
꽤 ずいぶん 즈이붕
꿈 夢(ゆめ) 유메
꿈꾸다 夢(ゆめ)を見(み)る 유메오 미루
끄다 消(け)す 케스

끝 終(お)わり 오와리

ㄴ

나가다[나오다] 出(で)る 데루
나라 国(くに) 쿠니
나른하다 だるい 다루이
나리타 익스프레스 成田(なりた)エクスプレス
　　　　나리타에쿠스푸레스
나무젓가락 わりばし 와리바시
나쁘다 悪(わる)い 와루이
나이 歳(とし) 토시
나이프 ナイフ 나이후
나일론 ナイロン 나이롱
나중에 後(あと)で 아토데
낚시 つり 츠리
난방 暖房(だんぼう) 단보ー
난처하다 困(こま)る 코마루
날계란 生玉子(なまたまご) 나마타마고
날다 飛(と)ぶ 토부
날씨 天気(てんき) 텡키
날씬하다 スタイルがいい 스타이루가 이ー
날치기 ひったくり 힛따쿠리
남기다 残(のこ)す 노코스
남동생 弟(おとうと) 오토ー토
남자 男(おとこ) 오토코
남자친구 彼氏(かれし) 카레시
남쪽 南(みなみ) 미나미
남쪽 출구 南口(みなみぐち) 미나미구치
남편 夫(おっと) 옷또
낮다 低(ひく)い 히쿠이
낮잠 昼寝(ひるね) 히루네
내과 内科(ないか) 나이카
내년 来年(らいねん) 라이넹
내려가다[내려오다] 下(お)りる 오리루
내리다(탈것에서) 降(お)りる 오리루

129

내리다(비나 눈 등이) 降(ふ)る 후루
내용물 中身(なかみ) 나카미
내일 明日(あした) 아시타
내후년 再来年(さらいねん) 사라이넹
냄새 匂(にお)い 니오이
냅킨 ナプキン 나푸킨
냉면 冷麺(れいめん) 레-멘
냉방 冷房(れいぼう) 레-보-
냉장고 冷蔵庫(れいぞうこ) 레-조-코
넓다 広(ひろ)い 히로이
넘다 超(こ)える 코에루
넘어지다 転(ころ)ぶ 코로부
넣다 入(い)れる 이레루
네모지다 四角(しかく)い 시카쿠이
넥타이 ネクタイ 네쿠타이
노랑 黄色(きいろ) 키-로
노랗다 黄色(きいろ)い 키-로이
노래 歌(うた) 우타
노선도 路線図(ろせんず) 로센즈
노인 お年寄(としよ)り 오토시요리
노천 온천 露天風呂(ろてんぶろ) 로텐부로
노트 ノート 노-토
노트북 ノートパソコン 노-토파소콤
녹차 お茶(ちゃ) 오챠
논 田(た)んぼ 탐보
놀다 遊(あそ)ぶ 아소부
놀라다 驚(おどろ)く 오도로쿠
놀리다 からかう 카라카우
놀이 기구 乗(の)り物(もの) 노리모노
높다 高(たか)い 타카이
높이 高(たか)さ 타카사
놓다 置(お)く 오쿠
놓치다(비행기 등을) 乗(の)り遅(おく)れる
　　　　　　　　　　노리오쿠레루
누구 誰(だれ) 다레
누나 姉(あね) 아네
눈 目(め) 메

눈 雪(ゆき) 유키
눈꺼풀 まぶた 마부타
눈물 涙(なみだ) 나미다
눈부시다 まぶしい 마부시-
눈사람 雪(ゆき)だるま 유키다루마
눈사태 なだれ 나다레
눈싸움 雪合戦(ゆきがっせん) 유키갓센
눈썹 まゆげ 마유게
눈에 띄다 目立(めだ)つ 메다츠
눈 축제 雪祭(ゆきまつ)り 유키마츠리
뉴스 ニュース 뉴-스
느끼다 感(かん)じる 칸지루
능숙하다 上手(じょうず)だ 죠-즈다
늦다 遅(おそ)い 오소이
늦잠 寝坊(ねぼう) 네보-
늦추다 遅(おく)らせる 오쿠라세루

- ㄷ -

다니다 通(かよ)う 카요우
다다미방 和室(わしつ) 와시츠
다다음 달 再来月(さらいげつ) 사라이게츠
다다음 주 再来週(さらいしゅう) 사라이슈-
다도 茶道(さどう) 사도-
다르다 違(ちが)う 치가우
다른 他(ほか)の 호카노
다리 橋(はし) 하시
다리 足(あし) 아시
다리미 アイロン 아이롱
다시 굽다 焼(や)き直(なお)す 야키나오스
다시 한 번 もう一度(いちど) 모-이치도
다운로드 ダウンロード 다운로-도
다음 달 来月(らいげつ) 라이게츠
다음 주 来週(らいしゅう) 라이슈-
다음 次(つぎ) 츠기
다이아몬드 ダイヤモンド 다이야몬도

다치다 けがをする 케가오 스루
다행히 幸(さいわ)いに 사이와이니
단골손님 常連(じょうれん) 죠-렌
단독주택 一戸建(いっこだ)て 잇꼬다테
단무지 たくあん 타쿠앙
단체 団体(だんたい) 단타이
단체 할인 団体割引(だんたいわりびき)
　　　　단타이와리비키
단풍 紅葉(もみじ) 모미지
닫다 閉(し)める 시메루
닫히다 閉(し)まる 시마루
달 月(つき) 츠키
달다 甘(あま)い 아마이
달러 ドル 도루
달력 カレンダー 카렌다-
달리다 走(はし)る 하시루
닭 鶏(にわとり) 니와토리
닭고기 鶏肉(とりにく) 토리니쿠
닭꼬치구이 焼(や)き鳥(とり) 야키토리
담당 担当(たんとう) 탄토-
담배 たばこ 타바코
담배꽁초 吸(す)いがら 스이가라
담배를 피우다 タバコを吸(す)う
　　　　타바코오 스우
담요 毛布(もうふ) 모-후
답장, 답변 返事(へんじ) 헨지
당근 にんじん 닌징
당기다 引(ひ)く 히쿠
당일 当日(とうじつ) 토-지츠
당일치기 日帰(ひがえ)り 히가에리
당황하다 慌(あわ)てる 아와테루
대기자 예약(웨이팅) キャンセル待(ま)ち
　　　　칸세루마치
대나무 竹(たけ) 타케
대답하다 答(こた)える 코타에루
대륙 大陸(たいりく) 타이리쿠
대리점 代理店(だいりてん) 다이리텡

대만 台湾(たいわん) 타이완
대중탕 大浴場(だいよくじょう) 다이요쿠죠-
대통령 大統領(だいとうりょう) 다이토-료-
대학교 大学(だいがく) 다이가쿠
대학원 大学院(だいがくいん) 다이가쿠잉
대합실 待合室(まちあいしつ) 마치아이시츠
더 もっと 못토
더러워지다 汚(よご)れる 요고레루
더럽다 汚(きた)ない 키타나이
더블 ダブル 다부루
더위 暑(あつ)さ 아츠사
던지다 投(な)げる 나게루
덜 구워짐 生焼(なまや)け 나마야케
덤 おまけ 오마케
덥다 暑(あつ)い 아츠이
데려가다 連(つ)れて行(い)く 츠레떼이쿠
데우다 温(あたた)める 아타타메루
데운 술 あつかん 아츠캉
데이터 データ 데-타
데이트 デート 데-토
도깨비 おに 오니
도난 盗難(とうなん) 토-낭
도너츠 ドーナツ 도-나츠
도둑 どろぼう 도로보-
도로가 막히다 渋滞(じゅうたい)する
　　　　쥬-타이스루
도망치다 逃(に)げる 니게루
도서관 図書館(としょかん) 토쇼캉
도시 都市(とし) 토시
도시락 お弁当(べんとう) 오벤토-
도움이 되다 役(やく)に立(た)つ 야쿠니 타츠
도중 途中(とちゅう) 토쮸-
도착 到着(とうちゃく) 토-챠쿠
도착하다 届(とど)く 토도쿠
독 毒(どく) 도쿠
독감 インフルエンザ 인후루엔자
독서 読書(どくしょ) 도쿠쇼

독일 ドイツ 도이츠
돈 お金(かね) 오카네
돈부리[덮밥] どんぶり 돈부리
돌고래 イルカ 이루카
돌다 曲(ま)がる 마가루
돌려주다 返(かえ)す 카에스
돌솥비빔밥 石焼(いしや)きビビンバ
　　　　이시야키비빔바
돌아가다[돌아오다] 帰(かえ)る 카에루
돌아서 감 遠回(とおまわ)り 토—마와리
돕다 手伝(てつだ)う 테츠다우
동갑 同(おな)い年(どし) 오나이도시
동급생 同級生(どうきゅうせい) 도—큐—세—
동료 同僚(どうりょう) 도—료—
동물 動物(どうぶつ) 도—부츠
동물원 動物園(どうぶつえん) 도—부츠엔
동영상 動画(どうが) 도—가
동의 同意(どうい) 도—이
동인지 同人誌(どうじんし) 도—진시
동전 세탁기 コインランドリー 코인란도리—
동전 지갑 小銭入(こぜにい)れ 코제니이레
동쪽 東(ひがし) 히가시
동쪽 출구 東口(ひがしぐち) 히가시구치
돼지 豚(ぶた) 부타
돼지고기 豚肉(ぶたにく) 부타니쿠
되도록 できるだけ 데키루다케
된장 みそ 미소
된장국 みそ汁(しる) 미소시루
두고 오다 置(お)き忘(わす)れる 오키와스레루
두껍다 厚(あつ)い 아츠이
두드러기 じんましん 진마신
두부 豆腐(とうふ) 토—후
두통 頭痛(ずつう) 즈츠—
두통약 頭痛薬(ずつうやく) 즈츠—야쿠
둥글다 丸(まる)い 마루이
뒤쪽 後(うし)ろ 우시로
뒷골목 路地裏(ろじうら) 로지우라

뒷문 裏口(うらぐち) 우라구치
드라마 ドラマ 도라마
드라이브 ドライブ 도라이부
드라이어 ドライヤー 도라이야—
듣다 聞(き)く 키쿠
들다 持(も)つ 모츠
들리다 聞(き)こえる 키코에루
들어가다[오다] 入(はい)る 하이루
들치기 置(お)き引(び)き 오키비키
등 背中(せなか) 세나카
등대 灯台(とうだい) 토—다이
등산 山登(やまのぼ)リ 야마노보리
디자이 デザイナー 데자이나—
디저트 デザート 데자—토
디지털카메라 デジカメ 데지카메
따뜻하다 暖(あたた)かい 아타타카이
따라가다 ついて行(い)く 츠이떼이쿠
따라오다 ついて来(く)る 츠이떼쿠루
따로따로 別々(べつべつ) 베츠베츠
딱딱하다 固(かた)い 카타이
딸(자기) 娘(むすめ) 무스메
딸기 いちご 이치고
땀 汗(あせ) 아세
때밀이 あかすり 아카스리
떠들다 騒(さわ)ぐ 사와구
떡 もち 모치
떨어뜨리다 落(お)とす 오토스
떨어지다(바닥에) 落(お)ちる 오치루
떨어지다 離(はな)れる 하나레루
떨어지다(일행 등과) はぐれる 하구레루
또 また 마타
뜨개질 あみもの 아미모노
뜨거운 물 お湯(ゆ) 오유
뜨겁다 熱(あつ)い 아츠이

라이터 ライター 라이타-
레몬 レモン 레몬
레스토랑 レストラン 레스토랑
렌터카 レンタカー 렌타카-
루비 ルビー 루비-
룸서비스 ルームサービス 루-무사-비스
류머티즘 リューマチ 류-마치
리모컨 リモコン 리모콘
리무진 버스 リムジンバス 리무진바스
리조트 リゾート 리조-토
리필 おかわり 오카와리
린스 リンス 린스
립스틱 口紅(くちべに) 쿠치베니
링거 点滴(てんてき) 텐테키

마늘 にんにく 닌니쿠
마비 麻痺(まひ) 마비
마사지 マッサージ 맛사-지
마시다 飲(の)む 노무
마요네즈 マヨネーズ 마요네-즈
마우스 マウス 마우스
마음 心(こころ) 코코로
마음대로 自由(じゆう)に 지유-니
마음에 들다 気(き)に入(い)る 키니 이루
마음이 든든하다 心強(こころづよ)い
　　　　코코로즈요이
마중 出迎(でむか)え 데무카에
마지막 最後(さいご) 사이고
막다른 곳 突(つ)き当(あ)たり 츠키아타리
막차 終電(しゅうでん) 슈-덴
만석 満席(まんせき) 만세키
만실 満室(まんしつ) 만시츠

만원 전철 満員電車(まんいんでんしゃ)
　　　　망인덴샤
만족 満足(まんぞく) 만조쿠
만지다 さわる 사와루
만화 マンガ 망가
많다 多(おお)い 오-이
많이 たくさん 탁상
말 馬(うま) 우마
말괄량이 おてんば 오템바
말리다 乾(かわ)かす 카와카스
말하다 言(い)う 유-
맑음 晴(は)れ 하레
맛 味(あじ) 아지
맛봄 味見(あじみ) 아지미
맛없다 まずい 마즈이
맛있다 おいしい 오이사-
맛집 탐방 食(た)べ歩(ある)き 타베아루키
맞벌이 共働(ともばたら)き 토모바타라키
맞선 お見合(みあ)い 오미아이
맡기다 預ける(あず)ける 아즈케루
맡다, 보관하다 預(あず)かる 아즈카루
매너 マナー 마나-
매실장아찌 梅(うめぼ)し 우메보시
매우 とても 토테모
매운맛 辛口(からくち) 카라쿠치
매일 毎日(まいにち) 마이니치
매장 売(う)リ場(ば) 우리바
매점 売店(ばいてん) 바이텡
맥주 ビール 비-루
맨발 裸足(はだし) 하다시
맵다 辛(から)い 카라이
맹인안내견 盲導犬(もうどうけん) 모-도-켄
머그컵 マグカップ 마그캅뿌
머리 頭(あたま) 아타마
머리카락 髪(かみ)の毛(け) 카미노케
먹다 食(た)べる 타베루
먹이 えさ 에사

멀다 遠(とお)い 토-이　　　　　　　목걸이 ネックレス 넥크레스

멀미약 酔(よ)い止(ど)め 요이도메　　목구멍 のど 노도

멈춰서다 立(た)ち止(ど)まる 타치도마루　목소리 声(こえ) 코에

멋지다 かっこいい 칵코이-　　　　　목요일 木曜日(もくようび) 모쿠요-비

메뉴 メニュー 메뉴-　　　　　　　　목욕 타월 バスタオル 바스타오루

메시지 メッセージ 멧세-지　　　　　목욕하다 お風呂(ふろ)に入(はい)る

멜론 メロン 메론　　　　　　　　　　　　오후로니 하이루

멧돼지 猪(いのしし) 이노시시　　　　목이 마르다 のどが渇(かわ)く 노도가 카와쿠

며칠 何日(なんにち) 난니치　　　　　목적지 目的地(もくてきち) 모쿠테키치

면봉 綿棒(めんぼう) 멘보-　　　　　무 大根(だいこん) 다이콩

면도기 シェーバー 쉐-바- /　　　　무겁다 重(おも)い 오모이

　　かみそり 카미소리　　　　　　　무덥다 蒸(む)し暑(あつ)い 무시아츠이

면봉 綿棒(めんぼう) 멤보-　　　　　무료 無料(むりょう) 무료-

면세 免税(めんぜい) 멘제- /　　　　무릎 ひざ 히자

　　デューティーフリー 듀-티-후리-　무리 無理(むり) 무리

면세 범위 免税範囲(めんぜいはんい) 멘제-　무리한 승차 駆(か)け込(こ)み乗車(じょうしゃ)

항이　　　　　　　　　　　　　　　　카케코미죠-샤

면세점 免税店(めんぜいてん) 멘제-텡　무섭다 こわい 코와이

명품 ブランド品(ひん) 브란도힝　　　무엇 何(なに) 나니

명함 名刺(めいし) 메-시　　　　　　무지개 虹(にじ) 니지

몇 분 何分(なんぷん) 남뿡　　　　　무효 無効(むこう) 무코-

몇 시 何時(なんじ) 난지　　　　　　문고 文庫(ぶんこ) 붕코

모기 蚊(か) 카　　　　　　　　　　　문구 文具(ぶんぐ) 붕구

모노레일 モノレール 모노레-루　　　문어 たこ 타코

모니터 モニター 모니타-　　　　　　문의하다 問(と)い合(あ)わせる 토이아와세루

모닝콜 モーニングコール 모-닝구코-루　묻다 聞(き)く 키쿠

모델 モデル 모데루　　　　　　　　　물 お水(みず) 오미즈

모두 みんな 민나　　　　　　　　　　물가 物価(ぶっか) 붓카

모레 あさって 아삿떼　　　　　　　물고기 魚(さかな) 사카나

모습 姿(すがた) 스가타　　　　　　　물고기자리 うお座(ざ) 우오자

모으다 集(あつ)める 아츠메루　　　물론 もちろん 모치롱

모이다 集(あつ)まる 아츠마루　　　물병자리 みずがめ座(ざ) 미즈가메자

모자 ぼうし 보-시　　　　　　　　　물수건 おしぼり 오시보리

모자라다 足(た)りない 타리나이　　　물에 빠지다, 익사하다 溺(おぼ)れる 오보레루

모집 募集(ぼしゅう) 보슈-　　　　　물품 品(しな) 시나

모퉁이 角(かど) 카도　　　　　　　뮤지엄 ミュージアム 뮤-지아무

목 首(くび) 쿠비　　　　　　　　　미국 アメリカ 아메리카

미끄러지다 滑(すべ)る 스베루
미래 未来(みらい) 미라이
미소 微笑(ほほえ)み 호호에미
미술관 美術館(びじゅつかん) 비쥬츠캉
미식가 グルメ 구루메
미아 迷子(まいご) 마이고
미용실 美容室(びようしつ) 비요-시츠
미인 美人(びじん) 비징
미지근하다 ぬるい 누루이
미터 メートル 메-토루
미팅 合(ごう)コン 고-콩
미혼 未婚(みこん) 미콩
믿다 信(しん)じる 신지루
밀다 押(お)す 오스
밀짚모자 麦(むぎ)わらぼうし 무기와라보-시

ㅂ

바가지 ぼったくり 봇따쿠리
바꾸다 替(か)える 카에루
바꾸다(잔돈으로) くずす 쿠즈스
바나나 バナナ 바나나
바다 海(うみ) 우미
바닷가 海辺(うみべ) 우미베
바둑 囲碁(いご) 이고
바라보다 眺(なが)める 나가메루
바람 風(かぜ) 카제
바르는 약 塗(ぬ)り薬(ぐすり) 누리구스리
바보 バカ 바카
바쁘다 忙(いそが)しい 이소가시-
바이러스 ウイルス 우이루스
바지 ズボン 즈봉
바퀴벌레 ゴキブリ 고키부리
박람회 博覧会(はくらんかい) 하쿠랑카이
박물관 博物館(はくぶつかん) 하쿠부츠캉
박스 ボックス 복쿠스

밖 外(そと) 소토
반값 半額(はんがく) 항가쿠
반대편 反対側(はんたいがわ) 한타이가와
반도 半島(はんとう) 한토-
반송 返送(へんそう) 헨소-
반응하다 反応(はんのう)する 한노-스루
반지 指輪(ゆびわ) 유비와
반찬 おかず 오카즈
반팔 半(はん)そで 한소데
반품 返品(へんぴん) 헴삥
받다 受(う)け取(と)る 우케토루
발밑 足下(あしもと) 아시모토
발가락 指(ゆび) 유비
발견되다 見(み)つかる 미츠카루
발뒤꿈치 かかと 카카토
발목 足首(あしくび) 아시쿠비
발생 発生(はっせい) 핫세-
발열 発熱(はつねつ) 하츠네츠
밝다 明(あか)るい 아카루이
밟다 踏(ふ)む 후무
밤 栗(くり) 쿠리
밤 夜(よる) 요루
밥 ご飯(はん) 고항
밥공기 茶碗(ちゃわん) 챠왕
밥을 짓다 炊(た)く 타쿠
방 部屋(へや) 헤야
방 열쇠 ルームキー 루-므키-
방문 訪問(ほうもん) 호-몽
방법 方法(ほうほう) 호-호-
방석 座布団(ざぶとん) 자부통
방학, 휴가 休(やす)み 야스미
방향 方向(ほうこう) 호-코-
방향치 方向音痴(ほうこうおんち)
　　　　　호-코-온치
밭 畑(はたけ) 하타케
배 お腹(なか) 오나카
배 なし 나시

배 船(ふね) 후네
배꼽 へそ 헤소
배낭여행 バックパッキング 박쿠팍킹구
배낭여행자 バックパッカー 박쿠팍카ー
배달 配達(はいたつ) 하이타츠
배달하다 届(とど)ける 토도케루
배우 俳優(はいゆう) 하이유ー
배우다 習(なら)う 나라우
배웅하다 見送(みおく)る 미오쿠루
배추 白菜(はくさい) 하쿠사이
배편 船便(ふなびん) 후나빙
백금 プラチナ 푸라치나
백업 バックアップ 박쿠압푸
100엔 숍 百円(ひゃくえん)ショップ
　　　　　하쿠엔숍푸
백합 百合(ゆり) 유리
백화점 デパート 데파ー토
밸런타인데이 バレンタインデー 바렌타인데ー
뱀 蛇(へび) 헤비
뱃멀미 船酔(ふなよ)い 후나요이
버리다 捨(す)てる 스테루
버섯 きのこ 키노코
버스 정류장 バス停(てい) 바스테ー
버튼 ボタン 보탄
번개 いなずま 이나즈마
번호 番号(ばんごう) 방고ー
번화하다 にぎやかだ 니기야카다
벌레 虫(むし) 무시
벌써 もう 모ー
범인 犯人(はんにん) 한닝
범죄 犯罪(はんざい) 한자이
벗다 脱(ぬ)ぐ 누구
벚꽃 桜(さくら) 사쿠라
베개 まくら 마쿠라
베스트셀러 ベストセラー 베스토세라ー
베이지 ベージュ 베ー쥬
벤치 ベンチ 벤치

벨트 ベルト 베루토
벽 壁(かべ) 카베
변경 変更(へんこう) 헹코ー
변비 便秘(べんぴ) 벰삐
변호사 弁護士(べんごし) 벵고시
별 星(ほし) 호시
별로 あまり 아마리
별자리 星座(せいざ) 세ー자
병 病気(びょうき) 뵤ー키
병문안 お見舞(みま)い 오미마이
병원 病院(びょういん) 뵤ー잉
보고 싶다 会(あ)いたい 아이카이
보내다 送(おく)る 오쿠루
보라 紫(むらさき) 무라사키
보리차 麦茶(むぎちゃ) 무기챠
보온 保温(ほおん) 호옹
보이다 見(み)せる 미세루
보조개 えくぼ 에쿠보
보증 保証(ほしょう) 호쇼ー
보증인 保証人(ほしょうにん) 호쇼ー닝
보통 並(なみ) 나미
보트 ボート 보ー토
보행자 歩行者(ほこうしゃ) 호코ー샤
보험 保険(ほけん) 호켕
복권 宝(たから)くじ 타카라쿠지
복도 廊下(ろうか) 로ー카
복사 コピー 코피ー
복숭아 もも 모모
본고장 本場(ほんば) 홈바
본관 本館(ほんかん) 홍캉
본사 本社(ほんしゃ) 혼샤
본점 本店(ほんてん) 혼텡
볼륨 ボリューム 보류ー무
볼일 用事(ようじ) 요ー지
볼펜 ボールペン 보ー루펜
봄 春(はる) 하루
봉제 인형 ぬいぐるみ 누이구루미

부끄럽다 恥(は)ずかしい 하즈카시ー
부담 없이 気軽(きがる)に 키가루니
부드러운 맛 甘口(あまくち) 아마쿠치
무느럽나 やわらかい 야와라가이
부딪치다 ぶつかる 부츠카루
부럽다 うらやましい 우라야마시ー
부르다 呼(よ)ぶ 요부
부모 親(おや) 오야 / 両親(りょうしん) 료ー싱
부상자 怪我人(けがにん) 케가닝
부엌 台所(だいどころ) 다이도코로
부재중 留守(るす) 루스
부족 不足(ふそく) 후소쿠
부채 うちわ 우치와
부츠 ブーツ 부ー츠
북쪽 北(きた) 키타
북쪽 출구 北口(きたぐち) 키타구치
분실물 신고서 紛失届(ふんしつとどけ)
훈시츠토도케
분위기 雰囲気(ふんいき) 훙이키
불 火(ひ) 히
불경기 不景気(ふけいき) 후케ー키
불고기 焼(や)き肉(にく) 야키니쿠
불꽃 花火(はなび) 하나비
불다(바람 등이) 吹(ふ)く 후쿠
불만 不満(ふまん) 후망
불면증 不眠症(ふみんしょう) 후민쇼ー
불법 체류 不法滞在(ふほうたいざい)
후호ー타이자이
불편하다 不便(ふべん)だ 후벤다
불평하다 文句(もんく)を言(い)う 몽쿠오 유ー
붓다(다리 등이) はれる 하레루
붕대 包帯(ほうたい) 호ー타이
붕어빵 たいやき 타이야키
붕장어 アナゴ 아나고
붙이는 약 湿布薬(しっぷやく) 싯뿌야쿠
뷔페 バイキング 바이킹구
블라우스 ブラウス 브라우스

비 雨(あめ) 아메
비교하다 比(くら)べる 쿠라베루
비누 せっけん 섹켕
비닐봉지 ビニール袋(ぶくろ) 비나ー루부쿠로
비둘기 鳩(はと) 하토
비디오 ビデオ 비데오
비빔밥 ビビンバ 비빔파 / ビビンバ 비빔바
비상계단 非常階段(ひじょうかいだん)
히죠ー카이당
비상구 非常口(ひじょうぐち) 히죠ー구치
비싸다 高(たか)い 타카이
비자 ビザ 비자
비즈니스 ビジネス 비지네스
비즈니스 클래스 ビジネスクラス
비지네스크라스
비행기를 갈아탐 トランジット 토란짓토
B형 B(ビー)型(がた) 비ー가타
빈 좌석 空席(くうせき) 쿠ー세키
빈 깡통 空(あ)き缶(かん) 아키캉
빈집털이 空(あ)き巣(す) 아키스
빈 차 空車(くうしゃ) 쿠ー샤
빈혈 貧血(ひんけつ) 힝케츠
빌딩 ビル 비루
빌려주다 貸(か)す 카스
빌리다 借(か)りる 카리루
빗 ヘアブラシ 헤아브라시
빠르다 速(はや)い 하야이
빨강 赤(あか) 아카
빨갛다 赤(あか)い 아카이
빨래 洗濯(せんたく) 센타쿠
빨리 早(はや)く 하야쿠
빵 パン 팡
빼앗다 奪(うば)う 우바우
뺑소니 ひき逃(に)げ 히키니게
뺨 頬(ほお) 호ー
뼈 骨(ほね) 호네

사거리 四(よ)つ角(かど) 요쯔카도
사건 事件(じけん) 지켕
사고 事故(じこ) 지코
사과 りんご 링고
사과하다 謝(あやま)る 아야마루
사귀다 付(つ)き合(あ)う 츠키아우
사기 詐欺(さぎ) 사기
사다 買(か)う 카우
사다리 梯子(はしご) 하시고
사라지다 消(き)える 키에루
사수자리 いて座(ざ) 이테자
사용법 使(つか)い方(かた) 츠카이카타
사용하다 使(つか)う 츠카우
사우나 サウナ 사우나
사이 間(あいだ) 아이다
사이즈 サイズ 사이즈
사자자리 しし座(ざ) 시시자
사전 辞書(じしょ) 지쇼
사정 事情(じじょう) 지죠ー
사진 촬영 写真撮影(しゃしんさつえい) 샤싱사쯔에ー
사진 현상 焼(や)き増(ま)し 야키마시
사파이어 サファイア 사화이아
삭제 削除(さくじょ) 사쿠죠
산부인과 産婦人科(さんふじんか) 상후징카
산사태 山崩(やまくず)れ 야마쿠즈레
산책 散歩(さんぽ) 삼뽀
살다, 거주하다 住(す)む 스무
살인 殺人(さつじん) 사쯔징
삶은 계란 ゆで卵(たまご) 유데타마고
삼각김밥 おにぎり 오니기리
상대방 相手(あいて) 아이테
상상 想像(そうぞう) 소ー조ー
상순 上旬(じょうじゅん) 죠ー중
상의 上着(うわぎ) 우와기

상자 箱(はこ) 하코
상점가 商店街(しょうてんがい) 쇼ー텡가이
상처 けが 케가
상태 調子(ちょうし) 쵸ー시
상품 商品(しょうひん) 쇼ー힝
상해 傷害(しょうがい) 쇼ー가이
상행 전철 上(のぼ)り電車(でんしゃ) 노보리덴샤
새 鳥(とり) 토리
새롭다 新(あたら)しい 아타라시ー
새벽 明(あ)け方(がた) 아케가타
새우 エビ 에비
색깔 色(いろ) 이로
샌드위치 サンドイッチ 산도잇치
샐러드 サラダ 사라다
샐러리맨 サラリーマン 사라리ー망
샘플 見本(みほん) 미홍
생각하다 思(おも)う 오모우
생각해내다 思(おも)い出(だ)す 오모이다스
생년월일 生年月日(せいねんがっぴ) 세ー넹갑삐
생맥주 生(なま)ビール 나마비ー루
생방송 生放送(なまほうそう) 나마호ー소ー
생선 魚(さかな) 사카나
생선회 刺身(さしみ) 사시미
생수 ミネラルウォーター 미네라루워ー타ー
생일 誕生日(たんじょうび) 탄죠ー비
샤브샤브 しゃぶしゃぶ 샤부샤부
샤워 シャワー 샤와ー
샤워하다 シャワーをあびる 샤와ー오 아비루
샴푸 シャンプー 샴푸ー
서다 立(た)つ 타츠
서류 書類(しょるい) 쇼루이
서서 읽음 立(た)ち読(よ)み 타치요미
서예 書道(しょどう) 쇼도ー
서울 ソウル 소우루
서점 本屋(ほんや) 홍야

138

서쪽 西(にし) 니시
서쪽 출구 西口(にしぐち) 니시구치
서투르다 下手(へた)だ 헤타다
섞다 混(ま)ぜる 마제루
선글라스 サングラス 산그라스
선물 おみやげ 오미야게 /
　　　プレゼント 프레젠토
선반 棚(たな) 타나
선배 先輩(せんぱい) 셈빠이
선불 前払(まえばら)い 마에바라이
선선하다 涼(すず)しい 스즈시ー
선풍기 扇風機(せんぷうき) 셈뿌ー키
설 お正月(しょうがつ) 오쇼ー가츠
설명서 説明書(せつめいしょ) 세츠메ー쇼
설사 下痢(げり) 게리
설탕 さとう 사또ー
섬 島(しま) 시마
성 お城(しろ) 오시로
성(姓) 名字(みょうじ) 묘ー지
성냥 マッチ 맛치
성냥갑 マッチ箱(ばこ) 맛치바코
성능 性能(せいのう) 세ー노ー
성별 性別(せいべつ) 세ー베츠
성실하다 真面目(まじめ)だ 마지메다
세관 税関(ぜいかん) 제ー캉
세금 税金(ぜいきん) 제ー킹
세다 数(かぞ)える 카조에루
세로 縦(たて) 타테
세면기 洗面器(せんめんき) 셈멩키
세수하다 顔(かお)を洗(あら)う 카오오 아라우
세일 セール 세ー루
세탁 クリーニング 크리ー닝구
센티미터 センチ 센치
셀프서비스 セルフサービス 세루후사ー비스
소개 紹介(しょうかい) 쇼ー카이
소개하다 紹介(しょうかい)する 쇼ー카이스루
소금 塩(しお) 시오

소나기 にわか雨(あめ) 니와카아메
소녀 少女(しょうじょ) 쇼ー죠
소년 少年(しょうねん) 쇼ー넹
소리 音(おと) 오토
소매 없는 ノースリーブ 노ー스리ー브
소매치기 すり 스리
소바 そば 소바
소방서 消防署(しょうぼうしょ) 쇼ー보ー쇼
소비세 消費税(しょうひぜい) 쇼ー히제ー
소설 小説(しょうせつ) 쇼ー세츠
소시지 ソーセージ 소ー세ー지
소중하다 大切(たいせつ)だ 타이세츠다
소탈하다 気(き)さくだ 키사쿠다
소파 ソファー 소화ー
소포 小包(こづつみ) 코즈츠미
소풍 遠足(えんそく) 엔소쿠
소프트 드링크 ソフトドリンク 소후토도링크
소프트 아이스크림 ソフトクリーム
　　　소후토크리ー므
소형 小型(こがた) 코가타
소화기 消火器(しょうかき) 쇼ー카키
속도 速度(そくど) 소쿠도
속 下着(したぎ) 시타기
속이 타다 じれったい 지렛따이
손가락 指(ゆび) 유비
손목 手首(てくび) 테쿠비
손목시계 腕時計(うでどけい) 우데도케ー
손바닥 手(て)のひら 테노히라
손수건 ハンカチ 항카치
손잡이 手(て)すり 테스리 /
　　　つりかわ 츠리카와
손전등 懐中電灯(かいちゅうでんとう)
　　　카이츄ー덴토ー
손톱깎이 爪(つめ)きり 츠메키리
송이버섯 松茸(まつたけ) 마츠타케
쇠고기 牛肉(ぎゅうにく) 규ー니쿠
쇼핑 買(か)い物(もの) 카이모노

숍 ショップ 숍푸
수다쟁이 おしゃべり 오샤베리
수도꼭지 蛇口(じゃぐち) 쟈구치
수록 収録(しゅうろく) 슈ー로쿠
수리 修理(しゅうり) 슈ー리
수면제 睡眠薬(すいみんやく) 스이밍야쿠
수박 すいか 스이카
수상 首相(しゅしょう) 슈쇼ー
수속 手続(てつづ)き 테츠즈키
수수료 手数料(てすうりょう) 테스ー료ー
수수하다 地味(じみ)だ 지미다
수술 手術(しゅじゅつ) 슈쥬츠
수염 髭(ひげ) 히게
수영 水泳(すいえい) 스이에ー
수영복 水着(みずぎ) 미즈기
수영장 プール 푸ー루
수요일 水曜日(すいようび) 스이요ー비
수월하다 楽(らく)だ 라쿠다
수족관 水族館(すいぞくかん) 스이조쿠캉
수첩 手帳(てちょう) 테쵸ー
수표 小切手(こぎって) 코깃테
숙녀복 婦人服(ふじんふく) 후징후쿠
숙박만 함(식사 불포함) 素泊まり(すど)まり
　　　스도마리
숙박 장소 宿泊先(しゅくはくさき)
　　　슈쿠하쿠사키
숙박 카드 宿泊(しゅくはく)カード
　　　슈쿠하쿠카ー도
숙박하다 泊(と)まる 토마루
숙취 二日酔(ふつかよ)い 후츠카요이
순진하다 素直(すなお)だ 스나오다
술 お酒(さけ) 오사케
숨 息(いき) 이키
숫자 数字(すうじ) 스ー지
숲 森(もり) 모리
쉬는 날 休(やす)みの日(ひ) 야스미노 히
쉬다 休(やす)む 야스무

쉽다 易(やさ)しい 야사시ー
슈퍼마켓 スーパー 스ー파ー
스노보드 スノーボード 스노ー보ー도
스웨터 セーター 세ー타ー
스카이라이너 スカイライナー 스카이라이나ー
스캐너 スキャナ 스캬나
스커트 スカート 스카ー토
스키 スキー 스키ー
스타킹 ストッキング 스톡킹구
스탠드 スタンド 스탄도
스테이크 ステーキ 스테ー키
스토커 ストーカー 스토ー카ー
스트레스 ストレス 스토레스
스파게티 スパゲッティ 스파겟티
스포츠 スポーツ 스포ー츠
스푼 スプーン 스푼
슬리퍼 スリッパ 스립파
슬프다 悲(かな)しい 카나시ー
습관 習慣(しゅうかん) 슈ー캉
습기 湿気(しっけ) 싯케
승강장 乗(の)り場(ば) 노리바
승무원 乗務員(じょうむいん) 죠ー무잉
승차 乗車(じょうしゃ) 죠ー샤
승차권 乗車券(じょうしゃけん) 죠ー샤켕
시각표 時刻表(じこくひょう) 지코쿠효ー
시골 田舎(いなか) 이나카
시금치 ほうれんそう 호ー렌소ー
시급 時給(じきゅう) 지큐ー
시끄럽다 うるさい 우루사이
시다 すっぱい 습빠이
시외번호 市外局番(しがいきょくばん)
　　　시가이쿄쿠방
시작되다 始(はじ)まる 하지마루
시작하다 始(はじ)める 하지메루
시차 時差(じさ) 지사
시청 市役所(しやくしょ) 시약쇼
시트 シート 시ー토

시합 試合(しあい) 시아이
시험하다 試(ため)す 타메스
식다(음식 등이) 冷(さ)める 사메루
식빵 食(しょく)パン 쇼쿠팡
식사 食事(しょくじ) 쇼쿠지
식욕 食欲(しょくよく) 쇼쿠요쿠
식전 食前(しょくぜん) 쇼꾸젠
식중독 食中毒(しょくちゅうどく)
　　　　쇼쿠츄ー도쿠
식초 酢(す) 스
식후 食後(しょくご) 쇼쿠고
신고서 申告書(しんこくしょ) 싱코쿠쇼
신다 はく 하쿠
신문 新聞(しんぶん) 심붕
신발매 新発売(しんはつばい) 신하츠바이
신분증 身分証明書(みぶんしょうめいしょ)
　　　　미분쇼ー메ー쇼
신사 神社(じんじゃ) 진쟈
신사복 紳士服(しんしふく) 신시후쿠
신선하다 新鮮(しんせん)だ 신센다
신용카드 クレジットカード 크레짓토카ー도
신형 新型(しんがた) 싱가타
신호등 信号(しんごう) 싱고ー
신혼여행 新婚旅行(しんこんりょこう)
　　　　싱콘료코ー
실내 室内(しつない) 시츠나이
실례 失礼(しつれい) 시츠레ー
실업률 失業率(しつぎょうりつ) 시츠교ー리츠
실연 失恋(しつれん) 시츠렝
실용서 実用書(じつようしょ) 지츠요ー쇼
실크 シルク 시루크
싫어하다 嫌(きら)いだ 키라이다
심술궂다 意地悪(いじわる)だ 이지와루다
심장 心臓(しんぞう) 신조ー
싱겁다 薄(うす)い 우스이
싱글 シングル 싱그루
싸다 安(やす)い 야스이

싸우다 ケンカする 켕카스루
쌀쌀하다 肌寒(はださむ)い 하다사무이
쌍둥이자리 ふたご座(ざ) 후타고자
쌍방 双方(そうほう) 소ー호ー
쏟다 こぼす 코보스
쓰다(맛이) 苦(にが)い 니가이
쓰다(글씨를) 書(か)く 카쿠
쓰다(모자 등을) かぶる 카부루
쓰다(안경 등을) かける 카케루
쓰러지다 倒(たお)れる 타오레루
쓰레기 ゴミ 고미
쓰레기통 ゴミ箱(ばこ) 고미바코

아기 赤(あか)ちゃん 아카쨩
아까 さっき 삭키
아내 妻(つま) 츠마
아니메, 만화 アニメ 아니메
아동복 子供服(こどもふく) 코도모후쿠
아들 息子(むすこ) 무스코
아래 下(した) 시타
아르바이트 アルバイト 아루바이토 /
　　　　バイト 바이토
아름답다 美(うつく)しい 우츠쿠시ー
아무것도 何(なに)も 나니모
아버지 父(ちち) 치치
아직 まだ 마다
아침 朝(あさ) 아사
아침식사권 朝食券(ちょうしょくけん)
　　　　쵸ー쇼쿠켕
아침식사 포함 朝食付(ちょうしょくつ)き
　　　　쵸ー쇼쿠츠키
아프다 痛(いた)い 이따이
악기 楽器(がっき) 각끼
안개 霧(きり) 키리

안경 メガネ 메가네
안과 眼科(がんか) 강카
안내 案内(あんない) 안나이
안내방송 案内放送(あんないほうそう)
　　　　안나이호−소−
안 된다 だめだ 다메다
안색 顔色(かおいろ) 카오이로
안약 目薬(めぐすり) 메구스리
안전 安全(あんぜん) 안젠
안전벨트 シートベルト 시−토베루토
안주 おつまみ 오츠마미
안쪽 内側(うちがわ) 우치가와
안타깝다 せつない 세츠나이
앉다 座(すわ)る 스와루
알다 知(し)る 시루
알람시계 目覚(めざ)まし時計(どけい)
　　　　메자마시도케−
알레르기 アレルギー 아레루기−
알몸 裸(はだか) 하다카
암 癌(がん) 강
앞 前(まえ) 마에
앞치마 エプロン 에프론
애완동물 ペット 펫토
애인 恋人(こいびと) 코이비토
애프터서비스 アフターサービス
　　　　아후타−사−비스
액세서리 アクセサリー 아쿠세사리−
야경 夜景(やけい) 야케−
야구 野球(やきゅう) 야큐−
약 薬(くすり) 쿠스리
약국 薬屋(くすりや) 쿠스리야
약속하다 約束(やくそく)する 약소쿠스루
약하다 弱(よわ)い 요와이
약혼 婚約(こんやく) 콘야쿠
얇다 薄(うす)い 우스이
양 羊(ひつじ) 히츠지
양말 靴下(くつした) 쿠츠시타

양배추 キャベツ 캬베츠
양보하다 ゆずる 유즈루
양복 背広(せびろ) 세비로
양산 日傘(ひがさ) 히가사
양상추 レタス 레타스
양식 洋食(ようしょく) 요−쇼쿠
양자리 おひつじ座(ざ) 오히츠지자
양초 ろうそく 로−소쿠
양치질하다 歯(は)を磨(みが)く 하오 미가쿠
양파 玉(たま)ねぎ 타마네기
어깨 肩(かた) 카타
어깨결림 肩(かた)こり 카타코리
어느 것 どれ 도레
어느 どっち 돗찌 / どちら 도치라
어댑터 アダプター 아다푸타−
어둡다 暗(くら)い 쿠라이
어디 どこ 도코
어디쯤 どの辺(へん) 도노헨
어렵다 難(むずか)しい 무즈카시−
어른 大人(おとな) 오토나
어린이 子供(こども) 코도모
어린이날 こどもの日(ひ) 코도모노 히
어머니 母(はは) 하하
어울리다 似合(にあ)う 니아우
어제 昨日(きのう) 키노−
어지러움 めまい 메마이
언니 姉(あね) 아네
언덕 丘(おか) 오카
언덕길 坂道(さかみち) 사카미치
언제 いつ 이츠
얼굴 顔(かお) 카오
얼룩 シミ 시미
얼마 いくら 이쿠라
얼음 氷(こおり) 코−리
엄격하다 きびしい 키비시−
엉덩이 おしり 오시리
에스컬레이터 エスカレーター 에스카레−타−

142

에어컨(냉난방용) エアコン 에아콩
에어컨(냉방용) クーラー 쿠-라-
A형 A(エー)型(がた) 에-가타
AB형 AB(エービー)型(がた) 에-비-가타
엑스레이 レントゲン 렌토겐
엔 円(えん) 엔
엔지니어 エンジニア 엔지니아
엔진 エンジン 엔진
엘리베이터 エレベーター 에레베-타-
여관 旅館(りょかん) 료캉
여권 パスポート 파스포-토
여기 ここ 코코
여동생 妹(いもうと) 이모-토
여름 夏(なつ) 나츠
여름방학 夏休(なつやす)み 나츠야스미
여름 타다 夏(なつ)ばて 나츠바떼
여배우 女優(じょゆう) 죠유-
여보세요 もしもし 모시모시
여유 余裕(よゆう) 요유-
여자 女(おんな) 온나
여자친구 彼女(かのじょ) 카노죠
여행 旅行(りょこう) 료코-
여행 가방 旅行(りょこう)カバン 료코-카방
여행사 旅行会社(りょこうがいしゃ)
　　　　료코-가이샤
여행자수표 トラベラーズチェック
　　　　토라베라-즈첵크
역 駅(えき) 에키
역사 歴史(れきし) 레키시
역 앞 駅前(えきまえ) 에키마에
역에서 파는 도시락 駅弁(えきべん) 에키벤
연극 演劇(えんげき) 엥게키
연기 煙(けむり) 케무리
연락처 連絡先(れんらくさき) 렌라쿠사키
연말연시 年末年始(ねんまつねんし)
　　　　넴마츠넨시
연못 池(いけ) 이케

연쇄 추돌 玉突(たまつ)き事故(じこ)
　　　　타마츠키지코
연습 練習(れんしゅう) 렌슈-
연애 恋愛(れんあい) 렝아이
연어 さけ 사케
연예인 芸能人(げいのうじん) 게-노-징
연장 延長(えんちょう) 엔쵸-
연중무휴 年中無休(ねんじゅうむきゅう)
　　　　넨쥬-무큐-
연 鉛筆(えんぴつ) 엠피츠
연휴 連休(れんきゅう) 렝큐-
열 熱(ねつ) 네츠
열다 開(あ)ける 아케루
열리다 開(あ)く 아쿠
열 받다 ムカつく 무카츠쿠
열쇠고리 キーホルダー 카-호루다-
열심히 一生懸命(いっしょうけんめい)
　　　　잇쇼-켐메-
열심히 하다 がんばる 감바루
염소자리 やぎ座(ざ) 야기자
염좌 捻挫(ねんざ) 넨자
엽서 葉書(はがき) 하가키
영국 イギリス 이기리스
영문 英文(えいぶん) 에-붕
영수증 レシート 레시-토 /
　　　　領収書(りょうしゅうしょ) 료-슈-쇼
영어 英語(えいご) 에-고
영어 회화 英会話(えいかいわ) 에-카이와
영업시간 営業時間(えいぎょうじかん)
　　　　에-교-지캉
영하 氷点下(ひょうてんか) 효-텡카
영화 映画(えいが) 에-가
영화관 映画館(えいがかん) 에-가캉
옅다 薄(うす)い 우스이
예쁘다 かわいい 카와이-
예약 予約(よやく) 요야쿠

예의 바르다 礼儀正(れいぎただ)しい
레-기타다시-
예정 予定(よてい) 요테-
오늘 今日(きょう) 쿄-
오늘 아침 今朝(けさ) 케사
오늘 밤 今晩(こんばん) 콤방
오뎅 おでん 오뎅
오디오 オーディオ 오-디오
오래되다 古(ふる)い 후루이
오랜만임 久(ひさ)しぶり 히사시부리
오렌지 オレンジ 오렌지
오르다 上(あ)がる 아가루
오른 右(みぎ) 미기
오른편 右側(みぎがわ) 미기가와
오빠 兄(あに) 아니
오시다 いらっしゃる 이랏샤루
오이 きゅうり 큐-리
오전 午前(ごぜん) 고젠
오토바이 バイク 바이크
오피스 オフィス 오휘스
오한 寒気(さむけ) 사무케
O형 O(オー)型(がた) 오-가타
오후 午後(ごご) 고고
옥상 屋上(おくじょう) 오쿠쵸-
옥외 屋外(おくがい) 오쿠가이
온도 温度(おんど) 온도
온천 温泉(おんせん) 온센
올바르다 正(ただ)しい 타다시-
올해 今年(ことし) 코토시
옷 服(ふく) 후쿠
옷을 입어보다 試着(しちゃく)する 시챠쿠스루
와사비 わさび 와사비
와이셔츠 ワイシャツ 와이샤츠
와인 ワイン 와인
완구 玩具(がんぐ) 강구
왕복 往復(おうふく) 오-후쿠
외과 外科(げか) 게카

외국어 外国語(がいこくご) 가이코쿠고
외국인 外国人(がいこくじん) 가이코쿠징
외롭다 さびしい 사비시-
외출하다 出(で)かける 데카케루
외치다 叫(さけ)ぶ 사케부
왼쪽 左(ひだり) 히다리
왼편 左側(ひだりがわ) 히다리가와
요(바닥에 까는 것) しきぶとん 시키부통
요구르트 ヨーグルト 요-구루토
요금 料金(りょうきん) 료-킹
요리 料理(りょうり) 료-리
요리 배달 出前(でまえ) 데마에 /
デリバリー 데리바리-
요리사 シェフ 셰후
욕조 湯船(ゆぶね) 유부네
용 龍(りゅう) 류-
용돈 お小遣(こづか)い 오코즈카이
용서하다 許(ゆる)す 유루스
우동 うどん 우동
우롱차 ウーロン茶(ちゃ) 우-롱챠
우산 傘(かさ) 카사
우선 まず 마즈
우연히 偶然(ぐうぜん) 구-젠
우유 牛乳(ぎゅうにゅう) 규-뉴-
우의 レインコート 레인코-토
우체국 郵便局(ゆうびんきょく) 유-빙쿄쿠
우체통 ポスト 포스토
우표 切手(きって) 킷떼
우회전 右折(うせつ) 우세츠
운동화 スニーカー 스니-카-
운반하다 運(はこ)ぶ 하코부
운임 運賃(うんちん) 운칭
운전면허 運転免許(うんてんめんきょ)
운텡멩쿄
운전사 運転手(うんてんしゅ) 운텐슈
울 ウール 우-루
울다 泣(な)く 나쿠

움직이다 動(うご)く 우고쿠
웃다 笑(わら)う 와라우
원숭이 猿(さる) 사루
원인 原因(げんいん) 겡잉
원피스 ワンピース 완피-스
월요일 月曜日(げつようび) 게츠요-비
위 上(うえ) 우에
위스키 ウイスキー 우이스키-
위장약 胃腸薬(いちょうやく) 이쵸-야쿠
위치 位置(いち) 이치
위험하다 危(あぶな)い 아부나이
유괴 誘拐(ゆうかい) 유-카이
유럽 ヨーロッパ 요-롭파
유료 有料(ゆうりょう) 유-료-
유리 ガラス 가라스
유명하다 有名(ゆうめい)だ 유-메-다
유스호스텔 ユースホステル 유-스호스테루
유실물 센터 遺失物(いしつぶつ)センター
　　　　　 이시츠부츠센타-
유원지 遊園地(ゆうえんち) 유-엔치
유치원 幼稚園(ようちえん) 요-치엔
유카타 浴衣(ゆかた) 유카타
유통기한 賞味期限(しょうみきげん)
　　　　 쇼-미키겡
유학 留学(りゅうがく) 류-가쿠
유학생 留学生(りゅうがくせい) 류-각세-
유행하다 流行(はや)る 하야루
유효기간 有効期間(ゆうこうきかん)
　　　　 유-코-키캉
육교 歩道橋(ほどうきょう) 호도-쿄-
은 銀(ぎん) 깅
은행 銀行(ぎんこう) 깅코-
음료 飲(の)み物(もの) 노미모노
음식물 飲食(いんしょく) 인쇼쿠
음악 音楽(おんがく) 옹가쿠
의무실 医務室(いむしつ) 이무시츠
의사 医者(いしゃ) 이샤

의심스럽다 怪(あや)しい 아야시-
의심하다 疑(うたが)う 우타가우
의자 椅子(いす) 이스
이 歯(は) 하
이것 これ 코레
이륙 離陸(りりく) 리리쿠
이른 아침 早朝(そうちょう) 소-cy-
이름 名前(なまえ) 나마에
이마 額(ひたい) 히타이
이메일 メール 메-루 /
　　　　電子(でんし)メール 덴시메-루
이메일 주소 メールアドレス 메-루아도레스
이발소 床屋(とこや) 토코야
이번 달 今月(こんげつ) 콩게츠
이번 주 今週(こんしゅう) 콘슈-
이벤트 イベント 이벤토
이불 かけぶとん 카케부통
이비인후과 耳鼻科(じびか) 지비카
이사 引(ひ)っ越(こ)し 힉코시
이상 以上(いじょう) 이죠-
24시간 영업 24時間営業(にじゅうよじかん
　　　　 えいぎょう) 니쥬-요지캉에-교-
이쑤시개 ようじ 요-지
이야기 話(はなし) 하나시
이야기하다 話(はな)す 하나스
이어폰 イヤホーン 이야홍
이용시간 利用時間(りょうじかん) 리요-지캉
이유 理由(りゆう) 리유-
이 こっち 콧찌 / こちら 코치라
이코노미 클래스 エコノミークラス
　　　　 에코노미-크라스
이하 以下(いか) 이카
이해하다 分(わ)かる 와카루
익숙해지다 慣(な)れる 나레루
인간 人間(にんげん) 닝겐
인기 人気(にんき) 닝끼
인도 歩道(ほどう) 호도-

145

인사 あいさつ 아이사츠
인상 印象(いんしょう) 인쇼-
인쇄 印刷(いんさつ) 인사츠
인출하다(예금 등을) 引(ひ)き出(だ)す
　　　　　　　　히키다스
인터넷 インターネット 인타-넷토
인터넷 카페 ネットカフェ 넷토카훼 /
　　　　　　　ネカフェ 네카훼
인형 人形(にんぎょう) 닝교-
일 仕事(しごと) 시고토
일기 日記(にっき) 닉끼
일기예보 天気予報(てんきよほう) 텡끼요호-
일방통행 一方通行(いっぽうつうこう)
　　　　　　잇뽀-츠-코-
일본어 日本語(にほんご) 니홍고
일본 제품 日本製(にほんせい) 니혼세-
일시불 一時払(いちじばら)い 이치지바라이
일식 和食(わしょく) 와쇼쿠
일어나다 起(お)きる 오키루
일영사전 和英辞典(わえいじてん) 와에-지텐
일요일 日曜日(にちようび) 니치요-비
일정 日程(にってい) 닛떼-
일주일 一週間(いっしゅうかん) 잇슈-캉
일찍 일어남 早起(はやお)き 하야오키
일회용 카메라 使(つか)い捨(す)てカメラ
　　　　　츠카이스테 카메라
읽다 読(よ)む 요무
잃어버리다 なくす 나쿠스 /
　　　　　落(お)とす 오토스
임대 賃貸(ちんたい) 칭타이
임신 妊娠(にんしん) 닌싱
임신부 妊婦(にんぷ) 님뿌
입구 入(い)り口(ぐち) 이리구치
입국 入国(にゅうこく) 뉴-코쿠
입국 카드 入国(にゅうこく)カード
　　　　　뉴-코쿠카-도
입다 着(き)る 키루

입다(바지, 스커트 등을) はく 하쿠
입력 入力(にゅうりょく) 뉴-료쿠
입술 唇(くちびる) 쿠치비루
입시 학원 予備校(よびこう) 요비코-
입에 맞다 口(くち)に合(あ)う 쿠치니 아우
입욕제 入浴剤(にゅうよくざい) 뉴-요쿠자이
입원 入院(にゅういん) 뉴-잉
입장권 入場券(にゅうじょうけん) 뉴-죠-켕
입장료 入場料(にゅうじょうりょう)
　　　　　뉴-죠-료-
입하 入荷(にゅうか) 뉴-카
입학 入学(にゅうがく) 뉴-가쿠
잊다 忘(わす)れる 와스레루
잊은 물건 忘(わす)れ物(もの) 와스레모노

ㅈ

자기, 자신 自分(じぶん) 지붕
자동정산기 自動清算機(じどうせいさんき)
　　　　　지도-세-상키
자동판매기 自動販売機(じどうはんばいき)
　　　　　지도-함바이키
자랑하다 自慢(じまん)する 지만스루
자르다 切(き)る 키루
자매 姉妹(しまい) 시마이
자상하다 やさしい 야사시-
자영업 自営業(じえいぎょう) 지에-교-
자외선 紫外線(しがいせん) 시가이센
자외선 차단제 日焼(ひや)け止(ど)め
　　　　　히야케도메
자원 봉사 ボランティア 보란티아
자유석 自由席(じゆうせき) 지유-세키
자주, 잘 よく 요쿠
작가 作家(さっか) 삭카
작년 去年(きょねん) 쿄넹
작다 小(ちい)さい 치-사이

잔돈 小銭(こぜに) 코제니
잔디 芝生(しばふ) 시바후
잔액 조회 残高照会(ざんだかしょうかい)
　　잔다카쇼-카이
잘못 타다 乗(の)り間違(まちが)える
　　노리마치가에루
잠시 少々(しょうしょう) 쇼-쇼-
잠 パジャマ 파쟈마
잠자다 眠(ねむ)る 네무루
잡아당기다 引(ひ)っ張(ぱ)る 힛빠루
잡지 雑誌(ざっし) 잣시
잡화 雑貨(ざっか) 잣카
장갑 手袋(てぶくろ) 테부쿠로
장기 将棋(しょうぎ) 쇼-기
장마 梅雨(つゆ) 츠유
장미 薔薇(ばら) 바라
장소 場所(ばしょ) 바쇼
장식품 置物(おきもの) 오키모노
장어 うなぎ 우나기
재떨이 はいざら 하이자라
재미없다 つまらない 츠마라나이
재미있다 おもしろい 오모시로이
재발행 再発行(さいはっこう) 사이핫코-
재작년 一昨年(おととし) 오토토시
재채기 くしゃみ 쿠샤미
재해 災害(さいがい) 사이가이
저것 あれ 아레
저기 あそこ 아소코
저녁 夕方(ゆうがた) 유-가타
저녁식사 夕食(ゆうしょく) 유-쇼쿠
저녁놀 夕焼(ゆうや)け 유-야케
저장하다 保存(ほぞん)する 호존스루
저쪽 あっち 앗찌 / あちら 아치라
저혈압 低血圧(ていけつあつ) 테-케츠아츠
적다 少(すく)ない 스쿠나이
적자 赤字(あかじ) 아카지
전갈자리 さそり座(ざ) 사소리자

전골[스키야키] すきやき 스키야키
전기밥솥 炊飯器(すいはんき) 스이항키
전깃불 電気(でんき) 뎅키
전달하다 伝(つた)える 츠타에루
전망 眺(なが)め 나가메
전망대 展望台(てんぼうだい) 템보-다이
전복 アワビ 아와비
전부 全部(ぜんぶ) 젬부
전시품 展示品(てんじひん) 텐지힝
전시회 展示会(てんじかい) 텐지카이
전원 電源(でんげん) 뎅겡
전자사전 電子辞書(でんしじしょ) 덴시지쇼
전자제품 電気製品(でんきせいひん)
　　뎅키세-힝
전쟁 戦争(せんそう) 센소-
전철 電車(でんしゃ) 덴샤
전혀 全然(ぜんぜん) 젠젠
전화 電話(でんわ) 뎅와
전화번호 電話番号(でんわばんごう)
　　뎅와방고-
전화번호부 電話帳(でんわちょう) 뎅와-
전화 카드 テレホンカード 테레홍카-도
절 お寺(てら) 오테라
절대 絶対(ぜったい) 젯따이
젊은이 若者(わかもの) 와카모노
점 占(うらな)い 우라나이
점심 昼(ひる) 히루
점원 店員(てんいん) 텡잉
점장 店長(てんちょう) 텐-
접근하다 近(ちか)づく 치카즈쿠
접는 우산 折(お)りたたみがさ
　　오리타타미가사
접수처 受付(うけつけ) 우케츠케
접시 皿(さら) 사라
접시(덜어 먹는) 取(と)り皿(ざら) 토리자라
젓가락 はし 하시

정년퇴직 定年退職(ていねんたいしょく) 테-넨타이쇼쿠

정리권 整理券(せいりけん) 세-리켕

정리해고 リストラ 리스토라

정말로 本当(ほんとう)に 혼또-니

정면 正面(しょうめん) 쇼-멘

정문 メインエントランス 메인엔토란스

정사원 正社員(せいしゃいん) 세-샤잉

정산 精算(せいさん) 세-상

정산서 精算書(せいさんしょ) 세-산쇼

정오 正午(しょうご) 쇼-고

정원 庭(にわ) 니와

정종[니혼슈] 日本酒(にほんしゅ) 니혼슈

젖다 濡(ぬ)れる 누레루

제멋대로다 わがままだ 와가마마다

제시간에 대다 間(ま)に合(あ)う 마니아우

제일, 가장 一番(いちばん) 이치방

제품 製品(せいひん) 세-힝

조금 少(すこ)し 스코시

조미료 調味料(ちょうみりょう) 쵸-미료-

조사하다 調(しら)べる 시라베루

조심하다 気(き)をつける 키오 츠케루

조용하다 静(しず)かだ 시즈카다

졸다 居眠(いねむ)りする 이네무리스루

졸업 卒業(そつぎょう) 소츠교-

좀, 조금 ちょっと 춋또

좀처럼 なかなか 나카나카

좁다 狭(せま)い 세마이

종료 終了(しゅうりょう) 슈-료-

종류 種類(しゅるい) 슈루이

종이봉투 紙袋(かみぶくろ) 카미부쿠로

종이컵 紙(かみ)コップ 카미콥푸

좋다 いい 이-

좋아하다 好(す)きだ 스키다

좌석 座席(ざせき) 자세키

좌회전 左折(させつ) 사세츠

주5일 근무제 週休二日制(しゅうきゅう ふつかせい) 슈-큐-후츠카세-

주다 与(あた)える 아타에루

주말 週末(しゅうまつ) 슈-마츠

주머니 ポケット 포켓토

주문 注文(ちゅうもん) 츄-몽

주부 主婦(しゅふ) 슈후

주사 注射(ちゅうしゃ) 츄-샤

주소 住所(じゅうしょ) 쥬-쇼

주스 ジュース 쥬-스

주위 周(まわ)リ 마와리

주유소 ガソリンスタンド 가소린스탄도

주의 注意(ちゅうい) 츄-이

주전자 やかん 야캉

주차 금지 駐車禁止(ちゅうしゃきんし) 츄-샤킨시

주차장 駐車場(ちゅうしゃじょう) 츄-샤죠-

죽다 死(し)ぬ 시누

준급행 準急(じゅんきゅう) 쥰큐-

준비 準備(じゅんび) 쥰비

줄무늬 ストライプ 스토라이푸

줄을 서다 並(なら)ぶ 나라부

줍다 拾(ひろ)う 히로우

중고 中古(ちゅうこ) 츄-코

중고 서점 古本屋(ふるほんや) 후루홍야

중국 中国(ちゅうごく) 츄-고쿠

중국 요리 中華料理(ちゅうかりょうり) 츄-카료-리

중량 초과 重量(じゅうりょう)オーバー 쥬-료-오-바-

중순 中旬(ちゅうじゅん) 츄-쥰

중지 中止(ちゅうし) 츄-시

중학교 中学校(ちゅうがっこう) 츄-각코-

쥐 ねずみ 네즈미

즐겁다 楽(たの)しい 타노시-

증상 症状(しょうじょう) 쇼ー죠ー
지각하다 遅刻(ちこく)する 치코쿠스루
지갑 財布(さいふ) 사이후
지금 今(いま) 이마
지나다(시간 등이) 経(た)つ 타츠
지나치다(내릴 역을) 乗(の)り越(こ)す
　　　　　　　　　　노리코스
지난주 先週(せんしゅう) 센슈ー
지도 地図(ちず) 치즈
지름길 近道(ちかみち) 치카미치
지리 地理(ちり) 치리
지방 地方(ちほう) 치호ー
지배인 支配人(しはいにん) 시하이닝
지불하다 払(はら)う 하라우
지붕 屋根(やね) 야네
지사제 下痢止(げりど)め 게리도메
지역 地域(ちいき) 치이키
지우개 消(け)しゴム 케시고무
지우다 消(け)す 케스
지인 知人(ちじん) 치징
지저분하다 汚(よご)れる 요고레루
지점 支店(してん) 시텐
지정석 指定席(していせき) 시테ー세키
지지난달 先々月(せんせんげつ) 센셍게츠
지지난주 先々週(せんせんしゅう) 센센슈ー
지진 地震(じしん) 지싱
지키다 守(まも)る 마모루
지하 地下(ちか) 치카
지하철 地下鉄(ちかてつ) 치카테츠
직경 直径(ちょっけい) 쵹케ー
직선 直線(ちょくせん) 쵹센
직업 職業(しょくぎょう) 쇼쿠교ー
진단서 診断書(しんだんしょ) 신단쇼
진주 真珠(しんじゅ) 신쥬 / パール 파ー루
진찰 診察(しんさつ) 신사츠
진통제 痛(いた)み止(ど)め 이타미도메
진품 本物(ほんもの) 혼모노

짐 荷物(にもつ) 니모츠
집다 取(と)る 토루
집세 家賃(やちん) 야칭
짙다 濃(こ)い 코이
짜다 しょっぱい 숏빠이
짝사랑 片想(かたおも)い 카타오모이
짧다 短(みじか)い 미지카이
찍다(사진을) 撮(と)る 토루
찢어지다 破(やぶ)れる 야부레루

차[자동차] 車(くるま) 쿠루마
차가운 冷(ひ)や 히야
차갑다 冷(つめ)たい 츠메타이
차게 하다 冷(ひ)やす 히야스
차다(발로) ける 케루
착륙 着陸(ちゃくりく) 챠쿠리쿠
착불 着払(ちゃくばら)い 챠쿠바라이
참기름 ごま油(あぶら) 고마아부라
참다 我慢(がまん)する 가만스루
참새 すずめ 스즈메
창문 窓(まど) 마도
창 窓側(まどがわ) 마도가와
찾다 探(さが)す 사가스
채소 野菜(やさい) 야사이
채소 가게 八百屋(やおや) 야오야
책 本(ほん) 홍
책상 机(つくえ) 츠쿠에
책임 責任(せきにん) 세키닝
처녀자리 おとめ座(ざ) 오토메자
처음 初(はじ)めて 하지메떼
천둥 雷(かみなり) 카미나리
천장 天井(てんじょう) 텐죠ー
천천히 ゆっくり 윳꾸리
천칭자리 てんびん座(ざ) 텐빈자

149

철판구이 鉄板焼(てっぱんやき) 텟빤야키
첫 차 始発(しはつ) 시하츠
첫사랑 初恋(はつこい) 하츠코이
첫인상 第一印象(だいいちいんしょう)
　　　다이이치인쇼-
청바지 ジーンズ 진-즈
청소 そうじ 소-지
체력 体力(たいりょく) 타이료쿠
체류 기간 滞在期間(たいざいきかん)
　　　타이자이키캉
체중 体重(たいじゅう) 타이쥬-
체크아웃 チェックアウト 첵쿠아우토
체크인 チェックイン 첵쿠인
체크인 카운터 チェックインカウンター
　　　첵쿠인카운타-
초등학교 小学校(しょうがっこう) 쇼-각코-
초록 緑(みどり) 미도리
초밥 寿司(すし) 스시
초콜릿 チョコレート 쵸코레-토
촬영 금지 撮影禁止(さつえいきんし)
　　　사츠에-킨시
최근 最近(さいきん) 사이킹
최신형 最新型(さいしんがた) 사이싱가타
최초 最初(さいしょ) 사이쇼
추가 追加(ついか) 츠이카
추돌 사고 追突事故(ついとつじこ)
　　　츠이토츠지코
추억 思(おも)い出(で) 오모이데
추월하다 追(お)い越(こ)す 오이코스
추위 寒(さむ)さ 사무사
추천 おすすめ 오스스메
추첨 抽選(ちゅうせん) 쥬-센
추하다 みにくい 미니쿠이
축구 サッカー 삭카-
축제[마쓰리] お祭(まつ)リ 오마츠리
축하하다 祝(いわ)う 이와우
출구 出口(でぐち) 데구치

출국 出国(しゅっこく) 슛꼬쿠
출발 出発(しゅっぱつ) 슛빠츠
출발 로비 出発(しゅっぱつ)ロビー 슛빠츠로비-
출신지 出身地(しゅっしんち) 슛신치
출입 금지 立入禁止(たちいりきんし)
　　　타치이리킨시
출장 出張(しゅっちょう) 슛-
출혈 出血(しゅっけつ) 슛께츠
춤추다 踊(おど)る 오도루
춥다 寒(さむ)い 사무이
충분하다 十分(じゅうぶん)だ 쥬-분다
충전기 充電器(じゅうでんき) 쥬-덴키
충치 虫歯(むしば) 무시바
취급하다 扱(あつか)う 아츠카우
취미 趣味(しゅみ) 슈미
취소 キャンセル 캰세루
취하다 酔(よ)う 요우
치과 歯科(しか) 시카
치과 의사 歯医者(はいしゃ) 하이샤
치료 治療(ちりょう) 치료-
치안 治安(ちあん) 치안
치약 歯磨(はみが)き 하미가키
치유되다 治(なお)る 나오루
치즈 チーズ 치-즈
치한 痴漢(ちかん) 치캉
친구 友(とも)だち 토모다치
친절하다 親切(しんせつ)だ 신세츠다
친척 親戚(しんせき) 신세키
친하다 親(した)しい 시타시-
칠석 七夕(たなばた) 타나바타
침 唾(つば) 츠바
침대 ベッド 벳도
칫솔 歯(は)ブラシ 하부라시
칭찬하다 ほめる 호메루

카드 カード 카-도
카레 カレー 카레-
카운터 カウンター 카운타-
카키색 カーキ色(いろ) 카-키이로
칵테일 カクテル 카쿠테루
칼로리 カロリー 카로리-
캐러멜 キャラメル 캬라메루
캐릭터 상품 キャラグッズ 캬라굿즈
캔커피 缶(かん)コーヒー 칸코-히-
캡슐호텔 カプセルホテル 카푸세루호테루
커버 カバー 카바-
커브 カーブ 카-브
커트 カット 캇토
커튼 カーテン 카-텐
컬렉트콜 コレクトコール 코레쿠토코-루
컴퓨터 게임 コンピューターゲーム
　　　　　콤퓨-타-게-무
컴퓨터[PC] パソコン 파소콤
컵 コップ 콥푸
케이블카 ケーブルカー 케-부루카-
케이크 ケーキ 케-키
케첩 ケチャップ 케퓨
코 鼻(はな) 하나
코끼리 像(ぞう) 조-
코너 コーナー 코-나-
코스 コース 코스
코스프레 コスプレ 코스프레
코인 라커 コインロッカー 코인록카-
코피 鼻血(はなち) 하나지
콘서트 コンサート 콘사-토
콘센트 コンセント 콘센토
콘택트렌즈 コンタクト(レンズ) 콘타쿠토(렌즈)
콜라 コーラ 코-라
콧물 鼻水(はなみず) 하나미즈
콧수염 口(くち)ひげ 쿠치히게

콩 まめ 마메
쾌속 전철 快速電車(かいそくでんしゃ)
　　　　　카이소쿠덴샤
쾌적 快適(かいてき) 카이테키
크다 大(おお)きい 오-키이
크리스마스 クリスマス 크리스마스
크림 クリーム 크리-므
큰 목소리 大(おお)きな声(こえ) 오-키나 코에
큰일이다, 힘들다 大変(たいへん)だ 타이헨다
클럽 クラブ 크라부
키가 작다 背(せ)が低(ひく)い 세가 히쿠이
키가 크다 背(せ)が高(たか)い 세가 타카이
키보드 キーボード 키-보-도
킬로그램 キロ 키로 / キログラム 키로그라무
킬로미터 キロ 키로 /
　　　　　キロメートル 키로메-토루

타다(탈것에) 乗(の)る 노루
타다(불에) 燃(も)える 모에루
타다(음식이) 焦(こ)げる 코게루
타월 タオル 타오루
타이어 タイヤ 타이야
타코야키 たこやき 타코야끼
탑승 게이트 搭乗(とうじょう)ゲート
　　　　　토-죠-게-토
탑승구 搭乗口(とうじょうぐち) 토-죠-구치
태양 太陽(たいよう) 타이요-
태어나다 生(う)まれる 우마레루
태풍 台風(たいふう) 타이후-
택배 宅配(たくはい) 타쿠하이
택시 タクシー 타쿠시-
택시 정류장 タクシー乗(の)リ場(ば)
　　　　　타쿠시-노리바

택시를 잡다 タクシーを拾(ひろ)う
타쿠시-오 히로우

터널 トンネル 톤네루

터짐(옷 등이) ほころび 호코로비

턱 あご 아고

털 毛(け) 케

테러 テロ 테로

테마파크 テーマパーク 테-마파-크

테이블 テーブル 테-부루

텐트 テント 텐토

토끼 うさぎ 우사기

토마토 トマト 토마토

토요일 土曜日(どようび) 도요-비

토핑 トッピング 톳핑구

통과하다 通(とお)る 토-루

통로 通路側(つうろがわ) 츠-로가와

통역 通訳(つうやく) 츠-야쿠

통장 비밀번호 暗証番号(あんしょうばんごう)
안쇼-방고-

통조림 缶詰(かんづめ) 칸즈메

퇴원 退院(たいいん) 타이잉

투명 透明(とうめい) 토-메-

튀기다 揚(あ)げる 아게루

튀김(덴푸라) 天(てん)ぷら 템뿌라

트럭 トラック 토락쿠

트렁크 トランク 토랑크

트윈 ツイン 츠인

특곱빼기 特大盛(とくおおも)リ 토쿠오-모리

특급 特急(とっきゅう) 톡큐-

특급권 特急券(とっきゅうけん) 톡큐-켕

특별전 特別展(とくべつてん) 토쿠베츠텡

특히 特(とく)に 토쿠니

튼튼하다 丈夫(じょうぶ)だ 죠-부다

틀리다 間違(まちが)う 마치가우

티슈 ティッシュ 팃슈

티켓부스 チケットブース 치켓토부-스

파견 사원 派遣社員(はけんしゃいん)
하켕샤잉

파란 하늘 青空(あおぞら) 아오조라

파랑 青(あお) 아오

파랗다 青(あお)い 아오이

파리 ハエ 하에

파마 パーマ 파-마

파일 ファイル 화이루

파출소 交番(こうばん) 코-방

파티 パーティー 파-티-

판다 パンダ 판다

판매 販売(はんばい) 함바이

팔 腕(うで) 우데

팔꿈치 ひじ 히지

팔다 売(う)る 우루

팔리다 売(う)れる 우레루

팔찌 ブレスレット 브레스렛토

패밀리 레스토랑 ファミレス 화미레스

팩스 ファックス 확크스

팸플릿 パンフレット 팜후렛토

퍼스트 클래스 ファーストクラス
화-스토크라스

펑크 パンク 팡크

페이지 ページ 페-지

페트병 ペットボトル 펫토보토루

편도 片道(かたみち) 카타미치

편리하다 便利(べんり)だ 벤리다

편명 便名(びんめい) 빔메-

편의점 コンビニ 콤비니

편지 手紙(てがみ) 테가미

편지봉투 封筒(ふうとう) 후-토-

편지지 便(びん)せん 빈셍

평판 評判(ひょうばん) 효-방

평평하다 平(ひら)たい 히라타이

평화 平和(へいわ) 헤-와

폐 肺(はい) 하이
폐, 성가심 迷惑(めいわく) 메ー와쿠
폐를 끼치다 迷惑(めいわく)をかける
메ー와쿠오 카케루
포근함 ぽかぽか 포카포카
포도 ぶどう 부도ー
포장 包装(ほうそう) 호ー소ー
포장[들고 감] お持(も)ち帰(かえ)リ
오모치카에리
포장마차 屋台(やたい) 야타이
포크 フォーク 후ー크
폭 幅(はば) 하바
폭력 暴力(ぼうりょく) 보ー료쿠
폭설 大雪(おおゆき) 오ー유키
폭우 大雨(おおあめ) 오ー아메
폭풍우 嵐(あらし) 아라시
폴리에스테르 ポリエステル 포리에스테루
표 切符(きっぷ) 킵뿌
표면 表面(ひょうめん) 효ー멘
표정 表情(ひょうじょう) 효ー죠ー
풀 草(くさ) 쿠사
품절 品切(しなぎ)れ 시나기레
품질 品質(ひんしつ) 힌시츠
풍부하다 豊(ゆた)かだ 유타카다
풍선 風船(ふうせん) 후ー센
프랑스 フランス 후랑스
프런트 フロント 후론토
프로그램 番組(ばんぐみ) 방구미
프리랜서 フリーランサー 후리ー란사ー
프린터 プリンター 프린타ー
플랫홈 ホーム 호ー무
피 血(ち) 치
피곤하다 疲(つか)れる 츠카레루
피규어 フィギュア 휘규아
피부 肌(はだ) 하다
피부과 皮膚科(ひふか) 히후카
피부색 肌色(はだいろ) 하다이로

피아노 ピアノ 피아노
피자 ピザ 피자
필름 フィルム 휘루므
필요하다 要(い)る 이루
핑크 ピンク 핑크

하늘 空(そら) 소라
하늘색 水色(みずいろ) 미즈이로
하다 する 스루
하루 一日(いちにち) 이치니치
하루 종일 一日中(いちにちじゅう)
이치니치쥬ー
하순 下旬(げじゅん) 게쥰
하시다 なさる 나사루
하양 白(しろ) 시로
하얗다 白(しろ)い 시로이
하이킹 ハイキング 하이킹구
하품 あくび 아쿠비
하행 전철 下(くだ)り電車(でんしゃ)
쿠다리덴샤
학교 기숙사 学校(がっこう)の寮(りょう)
각코ー노 료ー
학생 学生(がくせい) 각세ー
학생 할인 学生割引(がくせいわりびき)
각세ー와리비키
학원 塾(じゅく) 쥬쿠
한 달 一ケ月(いっかげつ) 잇카게츠
한 접시 一皿(ひとさら) 히토사라
한가운데 真(ま)ん中(なか) 만나카
한가하다 暇(ひま)だ 히마다
한국대사관 韓国大使館(かんこくたいしかん)
캉코쿠타이시캉
한국어 韓国語(かんこくご) 캉코쿠고
한글 ハングル 항그루

한밤중 夜中(よなか) 요나카
한숨 溜(た)め息(いき) 타메이키
한식 韓国料理(かんこくりょうり)
　　　캉코쿠료-리
한자 漢字(かんじ) 칸지
한턱내다 おごる 오고루
할머니 祖母(そぼ) 소보
할부 分割払(ぶんかつばら)い 붕카츠바라이
할아버지 祖父(そふ) 소후
할인 항공권 格安航空券(かくやすこうくうけん)
　　　카쿠야스코-쿠-켕
할증 割増(わりま)し 와리마시
합석 相席(あいせき) 아이세키
합승 相乗(あいの)り 아이노리
항공권 航空券(こうくうけん) 코-쿠-켕 /
　　　チケット 치켓토
항공 우편 エアメール 에아메-루
항구 港(みなと) 미나토
항구 도시 港町(みなとまち) 미나토마치
해열제 解熱剤(げねつざい) 게네츠자이
해외용 海外向(かいがいむ)け 카이가이무케
해일 津波(つなみ) 츠나미
핸섬하다 ハンサムだ 한사무다
햄버거 ハンバーガー 함바-가-
햇볕에 탐 日焼(ひや)け 히야케
햇볕이 듦 日当(ひあ)たり 히아타리
행방불명 行方不明(ゆくえふめい)
　　　유쿠에후메-
행복하다 幸(しあわ)せだ 시아와세다
행사 行事(ぎょうじ) 교-지 /
　　　催(もよお)し物(もの) 모요오시모노
향기 香(かお)り 카오리
향수 香水(こうすい) 코-스이
허리 腰(こし) 코시
허무하다 むなしい 무나시-
허벅지 太(ふと)もも 후토모모
헐렁하다 ゆるい 유루이

헤드폰 ヘッドホーン 헷도혼
헤어지다 別(わか)れる 와카레루
헤엄치다 泳(およ)ぐ 오요구
헬리콥터 ヘリ헤리 /
　　　ヘリコプター 헤리코푸타-
혀 舌(した) 시타
현관 玄関(げんかん) 겡캉
현금 現金(げんきん) 겡킹
현금 입출금기 ATM(エーティーエム)
　　　에-티-에무
현금 카드 キャッシュカード 캿슈카-도
현기증 めまい 메마이
현재 現在(げんざい) 겐자이
혈압 血圧(けつあつ) 케츠아츠
혈액형 血液型(けつえきがた) 케츠에키가타
형 兄(あに) 아니
형광등 蛍光灯(けいこうとう) 케-코-토-
형제 兄弟(きょうだい) 쿄-다이
호랑이 虎(とら) 토라
호박 かぼちゃ 카보챠
호수 湖(みずうみ) 미즈우미
호주 オーストラリア 오-스토라리아
호텔 ホテル 호테루
혼내다 しかる 시카루
혼자 一人(ひとり)で 히토리데
홍수 洪水(こうずい) 코-즈이
홍차 紅茶(こうちゃ) 코-챠
화려하다 派手(はで)だ 하데다
화면 画面(がめん) 가멘
화보집 画集(がしゅう) 가슈-
화상 火傷(やけど) 야케도
화요일 火曜日(かようび) 카요-비
화장실 お手洗(てあら)い 오테아라이 /
　　　トイレ 토이레
화장품 化粧品(けしょうひん) 케쇼-힝
화재 火事(かじ) 카지

화해하다 仲直(なかなお)りする
　　　　나카나오리스루
확인 確認(かくにん) 카쿠닝
환경 環境(かんきょう) 캉쿄ー
환불 払(はら)い戻(もど)し 하라이모도시
환율 為替(かわせ)レート 카와세레ー토
환전 両替(りょうがえ) 료ー가에
황소자리 おうし座(ざ) 오우시자
회복 回復(かいふく) 카이후쿠
회사원 会社員(かいしゃいん) 카이샤잉
회색 グレー 그레ー
회송 回送(かいそう) 카이소ー
회전문 回転(かいてん)ドア 카이텐도아
회전 밥 回転寿司(かいてんずし) 카이텐즈시
횡단보도 横断歩道(おうだんほどう)
　　　　오ー단호도ー
효과 効果(こうか) 코ー카
효능 効能(こうのう) 코ー노ー
후배 後輩(こうはい) 코ー하이
후불 後払(あとばら)い 아토바라이
후추 こしょう 코쇼ー

훌륭하다 立派(りっぱ)だ 립빠다
휴관일 休館日(きゅうかんび) 큐ー캉비
휴대전화 ケータイ 케ー타이 /
　　　　携帯電話(けいたいでんわ)
　　　　케ー타이뎅와
휴대전화 벨소리 着(ちゃく)メロ 챠쿠메로
휴대전화 줄 ケータイストラップ
　　　　케ー타이스토랍푸
휴지(두루마리) トイレットペーパー
　　　　토이렛토페ー파ー
흉내 まね 마네
흐림 曇(くも)り 쿠모리
흑자 黒字(くろじ) 쿠로지
흔들리다 揺(ゆ)れる 유레루
흘리다 こぼす 코보스
흠집 傷(きず) 키즈
흡연석 喫煙席(きつえんせき) 키츠엔세키
흥미 興味(きょうみ) 쿄ー미
흥분 興奮(こうふん)する 코ー훙스루
희망 希望(きぼう) 키보ー

일본어가
술술 나오는
일본 여행

초판 1쇄 2016년 7월 29일

지은이 RHK 여행연구소

발행인 양원석
편집장 고현진
책임편집·감수 강제능
디자인 RHK 디자인연구소 이경민
해외저작권 황지현
제작 문태일
영업마케팅 이영인, 양근모, 박민범, 이주형, 김민수, 장현기, 이선미

펴낸 곳 (주)알에이치코리아
주소 서울시 금천구 가산디지털2로 53 한라시그마밸리 20층
편집 문의 02-6443-8930   **구입 문의** 02-6443-8838
홈페이지 http://rhk.co.kr
등록 2004년 1월 15일 제2-3726호

© RHK 여행연구소 2016

ISBN 978-89-255-5980-3 (13730)

※이 책은 (주)알에이치코리아가 저작권자와의 계약에 따라 발행한 것이므로
　본사의 서면 허락 없이는 어떠한 형태나 수단으로도 이 책의 내용을 이용하지 못합니다.
※잘못된 책은 구입하신 서점에서 바꾸어 드립니다.
※책값은 뒤표지에 있습니다.